Tarô dos
ORIXÁS

Monica Buonfiglio

Tarô dos
ORIXÁS

ALFABETO

Publicado em 2022 pela Editora Alfabeto

Supervisão geral: Edmilson Duran
Diagramação: Décio Lopes
Ilustrador: Márcio Heider
Preparação e Revisão: Luciana Papale
Revisão Técnica: Renata Ruiz

DADOS INTERNACIONAIS DE CATALOGAÇÃO NA PUBLICAÇÃO

Buonfiglio, Monica

Tarô dos Orixás / Monica Buonfiglio. Editora Alfabeto. 1ª edição. São Paulo, 2022.

ISBN: 978-65-87905-28-0

1. Tarô   2. Orixás   3. Religião Afro   I. Título.

Todos os direitos reservados. Proibida a reprodução total ou parcial desta obra sem a expressa autorização por escrito da editora, seja quais forem os meios empregados, com exceção de resenhas literárias que podem reproduzir algumas partes do livro, desde que citada a fonte.

EDITORA ALFABETO
Rua Protocolo, 394 | CEP 04254-030 | São Paulo/SP
Tel: (11) 2351-4168 | E-mail: editorial@editoraalfabeto.com.br
Loja Virtual: www.editoraalfabeto.com.br

Essa obra é destinada a todas as pessoas iniciadas, ou não, no maravilhoso universo dos Orixás.

Axé!

Monica Buonfiglio

Súmario

Apresentação........................9
Introdução.........................13
História dos Orixás 19
   Sincretismo com santos católicos..............22
   Como identificar seu Orixá protetor...........24
   Personalidade dos Filhos dos Orixás...........27
As cartas dos Orixás...............79
Consagrando o Tarô 125
Métodos de Tiragem 127
Preparando o jogo 129
   Jogo das Três Cartas.........................131
   Jogo das 16 Casas............................134
Bibliografia 171

Apresentação

• Minha primeira experiência com os Orixás e com as práticas oraculares aconteceu espontaneamente aos dez anos de idade. Utilizando quatro pedrinhas comuns lançadas a esmo, eu brincava de fazer previsões para meus amigos.

Um ano depois, ganhei um colar de búzios (artesanato hippie, na época muito em moda) e fui à procura de um livro sobre os Orixás que mencionava o Jogo de Búzios.

Depois da leitura, minha criatividade despertou ainda mais: comprei miçangas de várias cores e montei as argolas dos Orixás, aperfeiçoando o "método de leitura" que eu havia criado intuitivamente. (Conheça detalhadamente este método no livro *Jogo de Búzios – O Oráculo dos Orixás*, publicado pela Editora Alfabeto).

Uma amiga, adepta ao Candomblé, achou estranho meu passatempo e sugeriu à minha mãe que me encaminhasse a um Terreiro de Umbanda para que eu pudesse desenvolver o que ela chamava de *mediunidade*. Mas a tentativa foi em vão; embora eu sentisse a vibração das entidades espirituais, permanecia consciente, enquanto os outros médiuns se diziam inconscientes no momento da incorporação.

Tempos depois fui à cidade de Embu (região de São Paulo), para assistir a uma apresentação sobre os Orixás, do grupo folclórico de Raquel Trindade. Na ocasião, demonstrei a ela meu interesse sobre o assunto e lhe apresentei o meu jogo de búzios.

Admirada, Raquel sugeriu que eu procurasse o Candomblé e começasse os rituais de iniciação, desse modo, eu teria a incorporação inconsciente que não alcançara na Umbanda. Fui então encaminhada a um Terreiro, onde fiz as obrigações, tornando-me uma iniciada aos dezoito anos.

Naquela época, no entanto, eu vivia um período de conflitos, pois discordava de alguns aspectos da prática, principalmente quanto ao sacrifício de animais no culto – eu entendia que os Orixás eram *devas* (anjos)[1] da natureza e que, como tal, não poderiam aceitar esta etapa do ritual como forma de despertar seu *axé* (força).

Eu também discordava da postura de alguns sacerdotes, que visavam apenas ganhos financeiros, explorando a boa-fé das pessoas.

Nessa caminhada, muitos demonstraram má vontade em me ensinar os "segredos" do culto dos Orixás e do Jogo de Búzios, afirmando que, segundo a tradição, somente os pais ou mães-de-santo poderiam aprender a manuseá-lo e, mesmo assim, após um longo e fragmentado aprendizado.

Inconformada, procurei a pessoa que na época era a maior autoridade no assunto, a fabulosa Mãe Menininha do Gantois, Ialorixá brasileira, nascida na cidade de Salvador, Bahia (1894-1986), considerada a mais importante mãe-de-santo do Brasil.

---

1. Devas (anjos): deuses, divindades resplandecentes. Um deva é um ser celestial, de acordo com a Teosofia. Os devas representam o mesmo que os anjos para os cristãos. A palavra anjo significa mensageiro. Os devas podem ser entendidos como anjos guardiões da fauna e da flora.

Mesmo adoentada, a sábia senhora me apontou o caminho: deveria seguir minha intuição e continuar estudando os Orixás do meu modo, através de conhecimentos adquiridos por mim mesma, já que essa é uma das características de Logunedé (ou Logun-Edé), meu Orixá protetor.

Voltando a São Paulo passei a comprar livros sobre o assunto, ampliando minhas pesquisas sobre os deuses do Candomblé, além de outros oráculos.

Na época, eu cursava a faculdade de Direito pela manhã, à tarde atendia às consultas de búzios e à noite assistia às aulas de iorubá ministradas pelo mestre Toyin, um nigeriano.

Vencida essa fase, trabalhei em uma livraria como oraculista, chegando a ministrar o primeiro curso de Orixás e Jogo de Búzios do Brasil, para pessoas não adeptas ao Candomblé.

Meu trabalho cresceu. Recebi o convite de uma emissora de televisão para apresentar um quadro diário e ao vivo de consultas aos oráculos, o que me proporcionou levar este assunto ao conhecimento do grande público, muito importante para nosso cultura e prática religiosa. Atualmente, dedico-me a escrever e ministro cursos e palestras sobre os mais variados temas espiritualistas, passando adiante os conhecimentos que me foram negados.

Nesta obra, pretendo mostrar a todos que não é necessário pertencer ao culto, à outra seita ou filosofia de vida para usufruir da sabedoria desse rico conhecimento que são os Orixás, além de apresentar a você, leitor, oraculista ou simplesmente simpatizante, um lindo Tarô desenvolvido com amor para este propósito: *O Tarô dos Orixás*!

Monica Buonfiglio

Introdução

• Os povos africanos, em sua maioria, são constituídos pela raça negra, a mais antiga do continente.

A Nigéria é um país que merece destaque neste contexto, pois, além de sua riqueza cultural, os negros que lá habitam foram influenciados pela cultura de outros povos nos últimos séculos – influência esta provinda dos estrangeiros (principalmente os europeus) e da propagação do cristianismo pela África.

Por essa razão, várias lendas nigerianas se parecem com histórias contadas em partes longínquas do mundo, trocando apenas os nomes dos mitos e conservando os arquétipos originais.

No estudo da mitologia africana surge, logo de início, um obstáculo: as histórias que conhecemos passaram de geração a geração, segundo a tradição oral, para preservar os segredos do culto exclusivamente entre seus sacerdotes.

Como não existiam obras sobre os mitos nigerianos, os estudiosos europeus e americanos, por meio de pesquisas, escreveram aquilo que os gentios foram lhes contando. Hoje, a mitologia é registrada pelos próprios nigerianos, que se previnem contra o desaparecimento ou as alterações das histórias originais.

Já que não havia uma forma de escrita, outros meios de expressão foram utilizados para transmitir esses conhecimentos ao longo da história, como as mais variadas formas de arte, que expressavam sentimentos dando ênfase às características do rosto e, dessa maneira, acentuando cada vez mais o mistério e a relação corpo-espírito.

Por ser a única "escrita" conhecida por todas as diferentes tribos nigerianas, a arte foi usada para interpretar a vida em todos os seus aspectos. Na vida religiosa, concedeu significado e função espiritual aos objetos empregados em cerimônias ou mesmo em ritos individuais.

Dessa forma, a arte nigeriana proporciona a beleza e a solenidade do homem com expressão e modéstia, preocupando-se com o cotidiano e a natureza; a expressão artística mostra o homem em todos os estágios de sua existência: nascimento, vida e morte.

A transcendência, o mistério da morte, e a vitória sobre esta, são crenças comuns entre os nigerianos, como demonstram as inúmeras máscaras fúnebres e as sociedades ou seitas que representam os antepassados neste mundo.

Os Orixás, divindades por eles cultuadas, observam todos os passos da vida de uma pessoa e podem ajudá-la quando invocados.

Como qualquer outra raça humana, os iorubanos – oriundos da cidade de Ifé, que consideravam o "berço do mundo" e objeto maior de nosso interesse neste livro –, possuem várias crenças religiosas de caráter filosófico à medida que consideram as grandes questões imutáveis, como a origem das coisas, a finalidade e o término da vida.

Esses assuntos traduzem a essência dos mitos que, no fundo, não passam de raciocínios filosóficos sob a forma de parábolas, nas quais exprimem a alegria da vida e as atividades consideradas mundanas.

Muitas vezes se afirmou que o valor fundamental do pensamento iorubano é a força, a energia vital e o dinamismo. Para esse povo, a vida na Terra é considerada boa, apesar do sofrimento; o sexo é para ser apreciado e os filhos são um presente de Deus.

A família não é constituída somente pelos pais e filhos, mas também por irmãos e primos; no seu interior, os idosos são bem tratados e respeitados e a saúde é protegida por orações, rituais e remédios fitoterápicos considerados mágicos.

O mundo é formado por diversas forças, e a vida é mais feliz e bem-sucedida quando se trabalha com harmonia.

Deus, o Supremo, é a maior das forças. É Ele que possui o dom da vida e de tudo o que deriva de todos os outros poderes e de todas as criaturas. Ele está no topo e fortalece aquele que O invoca. Abaixo Dele, situam-se outras forças importantes, como os chefes das sociedades tribais.

Desde sempre foram atribuídos poderes excepcionais aos seres humanos, especialmente aos antepassados, fundadores da raça, sobre os quais os iorubanos nunca perderam o interesse.

A alma e corpo são fortemente ligados, considerados como um todo; esses seres administram remédios para curar doenças, mas com o amparo espiritual.

A moralidade se reflete no comportamento social entre os homens; esse é o resultado da interação das forças humanas.

Nos tempos modernos, a Nigéria sofreu influências de várias religiões. O islamismo e o cristianismo introduziram novas doutrinas, uma nova moral, histórias escritas e um universo diferente.

Muito do antigo ainda existe, e alguns nigerianos não foram influenciados pelas novas ideias religiosas; os milhares que não se converteram ainda estão ligados à mitologia e ao pensamento original dos seus antepassados.

O povo iorubano acredita no Ser Supremo. Deus é o criador, e os mitos que se referem a Ele tentam explicar as origens do mundo e da espécie humana. A crença diz que o Criador viveu na Terra e que, depois da sua criação, Ele se retirou para o Céu.

Considerado uma divindade pessoal, o Criador é benevolente e se preocupa com as pessoas; bem diferente do Deus hebraico que, por punição, pode até matar. O Criador iorubano não aterroriza ninguém.

Curiosamente, o número de templos dedicado ao Ser Supremo na Nigéria é restrito. Esta realidade pode levar algumas pessoas a pensar que Deus seria uma entidade distante.

Os iorubanos idosos quando questionados sobre a falta de templos explicam que Deus é demasiadamente grande para estar contido em uma "casa". Ele é o céu e o ar que respiramos. É o responsável pelo aparecimento de todas as coisas e costumes dos povos. Na qualidade de moldador, deu forma a tudo que conhecemos. Ele é o pai e a mãe dos seres humanos e de toda criatura viva; e está além do sexo, mesmo que nas histórias apareça sob forma humana masculina.

A etnia nagô revela que, no princípio, o mundo era pantanoso e cheio de água. Orumilá (conhecido também como Olorum), o Deus Supremo, vivia com outras divindades.

Os Orixás vinham brincar nos pântanos descendo dos céus em teias de aranhas. Nessa época, não havia homens, pois não existiam terrenos sólidos.

Um dia Olorum chamou Oxalá, o pai das divindades, e encarregou-o de criar vida na Terra. Ele deu a Oxalá uma casca de caracol cheia de terra solta, um pombo e uma galinha com cinco dedos.

Oxalá desceu e colocou a casca de caracol sobre o pântano. A terra se espalhou com o auxílio do pombo e da galinha, formando terrenos sólidos.

Quando Oxalá voltou à presença do Ser Supremo para informar que sua missão estava cumprida, este enviou *oga*, "o camaleão" para inspecionar o trabalho (o camaleão é figura constante em diversos mitos iorubanos, nos quais se realçam seu andar lento e cuidadoso, sua mudança de cor de acordo com o ambiente e seus grandes olhos, sempre atentos).

Depois da primeira vistoria, o camaleão informou que o terreno criado era suficientemente vasto, mas que ainda estava úmido. Ele foi enviado então pela segunda vez, informando agora que a área estava seca.

O local onde tudo se iniciou foi chamado de *Ifé*, que significa vasto, e *Ilê*, que significa casa, para mostrar que se tratava da habitação da qual todos os homens surgiram.

Desde então, Ilê-Ifé passou a ser a cidade sagrada do povo.

A criação da Terra demorou quatro dias, e o quinto foi reservado às orações para Orumilá; desde então, observou-se a semana de quatro dias, cada qual destinado a uma divindade.

Depois de tudo pronto, Olorum enviou Oxalá à Terra para plantar árvores que forneceriam alimento ao homem. Na primeira tentativa para limpar a área do cultivo, sua espada de cristal quebrou. Imediatamente Orumilá enviou Ogum, a divindade do ferro, em seu auxílio.

Oxalá plantou a primeira palmeira, cujos frutos dão óleo e o suco que mata a sede. Depois plantou mais três árvores nativas e fez chover para que elas crescessem.

A cada uma das divindades o Criador deu uma linguagem especial que é falada pelos sacerdotes do culto.

Para Exu, considerado o "recadeiro de Deus", foi concedido o conhecimento de todas as línguas, servindo de intermediário entre os deuses e os homens.

Na Nigéria, o Universo é considerado como uma esfera semelhante a uma cabaça. A Terra é considerada plana, flutuando dentro da esfera. A parte superior simboliza o céu e a inferior o mar.

Quando Deus criou todas as coisas, sua primeira preocupação foi a de firmar a terra e os limites das águas, unindo bem as bordas da cabaça e enrolando uma cobra divina para estabelecer a ordem e sustentar todas as coisas com seu movimento rotativo. A cobra sempre fascinou o homem por parecer imortal; apesar de libertar-se da pele a cada seis meses, ela continua a viver. Uma cobra com a cauda na boca engolindo a si própria é considerada o símbolo da eternidade. Ainda hoje ela sustenta o mundo e nunca o largará – caso contrário, toda a criação se desintegrará.

É curioso notar a correspondência com esse símbolo ocidental da serpente ouroboros.

Com toda essa riqueza cultural e religiosa, eu convido você a adentrar no fascinante universo dos Orixás. Esta obra foi composta inteiramente baseada na cultura nigeriana, diferindo, portanto, em muitos aspectos daquela conhecida popularmente aqui no Brasil. Isso pode causar certa estranheza a princípio, mas depois de quatro anos estudando essa cultura, a intenção é exatamente essa, trazer ao mundo moderno aquilo que eles cultuavam e que agora tão lindamente vamos resgatar.

História dos Orixás

• Existem várias definições a respeito dos Orixás. A maioria coincide em alguns pontos básicos, o que nos permite afirmar, de maneira resumida, que os Orixás são divindades (*ori*, cabeça, e *xá*, força) intermediárias entre o Deus Supremo (Olorum) e o mundo terrestre. Essas entidades são encarregadas de administrar a criação. Além disso, comunicam-se com os homens através de rituais complexos.

Os Orixás podem interferir na vida e no destino dos seres humanos com certa simplicidade. É comum ouvir em Terreiros ou no dia a dia de uma frequentadora do culto afro-brasileiro, uma frase como esta: "Eu sou deste jeito, porque sou filha de Iansã; se minha mãe é geniosa, também sou."

O símbolo dos Orixás apresenta duas formas côncavas sobrepostas, lembrando duas conchas, que representam a origem do Planeta. Em algumas versões, as conchas aparecem lacradas pela ouroboros – a serpente que morde a própria cauda, símbolo da reabsorção cíclica e da transmutação perpétua. Os materiais usados na confecção desse símbolo eram a pedra macia e por vezes o granito e o quartzo. O marfim também era utilizado esculpido com grande delicadeza; caso houvesse dificuldade em encontrá-lo, trabalhavam com a madeira.

O antropólogo Leo Frobenius considera que a religião dos nagôs teve sua origem na Pérsia, passou pela Palestina, seguiu o curso do Nilo, tendo chegado ao Sudão e à Nigéria para desenvolver-se especialmente entre os Haussas, uma tribo do norte da Nigéria.

Outros pesquisadores acreditam que os nigerianos seriam descendentes diretos do povo que habitou a legendária Atlântida. Dotados de uma cultura riquíssima, os atlantes teriam escolhido lugares como o Egito, o Brasil (na região amazônica), o Peru e Portugal para continuarem com seus ensinamentos, após a catástrofe que ocorreu com a imersão da Atlântida.

As divindades são caprichosas, amam, beneficiam ou curam, de acordo com sua natureza. Elas têm cores, danças, comidas e animais de sua predileção. Também representam a natureza e fazem parte dos elementos: Terra, Água, Fogo e Ar.

Os Orixás sintetizam as leis na natureza, suas normas de convivência e a harmonia entre os sexos, além de proporcionar um equilíbrio entre os deuses e os seres humanos. Desta maneira, torna-se possível a conscientização da natureza com o aspecto psicológico da vida.

Em nosso "Eu Superior" vive um Orixá. É de vital importância conhecê-lo, assim, tornamo-nos mais conscientes da nossa responsabilidade com a Criação e mesmo com o nosso destino.

Por exemplo: a força de Ogum é proveniente do ferro; a de Oxóssi da ação e proteção dos animais; a de Xangô das rochas; a de Oxum das águas doces; e assim por diante.

As histórias sobre eles nos falam de seres profundamente humanos. Alguns pesquisadores dizem que os Orixás viveram realmente na Terra e foram pessoas com intensa força xamânica, respeitadas pela comunidade, cujos comportamentos e arquétipos encontram correspondência em várias mitologias, entre elas a greco-romana, a tântrica (Índia) e a rúnica (viking/Escandinávia).

Ninguém sabe ao certo quantos Orixás existem, partindo-se do princípio de que eles são "tudo o que é vivo", ou seja, a natureza.

Calcula-se, no entanto, que o número de Orixás em várias cidades (tribos) alcançaria em torno de quatrocentos deuses.

No Brasil, durante o tráfico negreiro, que teve início no século 16, estendendo-se até o século 19, o culto aos Orixás ficou restrito a umas cinquenta divindades. Dessas, dezesseis foram mais invocadas, pois eram deuses guerreiros, e assim sobreviveram.

Não compensava ao negro em cativeiro prestar homenagens aos deuses da agricultura em benefício do dono e senhor do engenho.

Deuses como Odé, ligados à agricultura e que não eram reverenciados, desapareceram durante algum tempo do culto e voltaram a ter força somente na atualidade, fazendo com que pesquisadores africanos estudassem esse Orixá no Brasil, pois, com a emigração dos nigerianos, seu culto foi extinto também na Nigéria.

Para o tráfico, os negros que mais interessavam aos portugueses e brasileiros eram os nagôs da cidade de Keto. Eles eram fortes, resistentes e tinham facilidade em aprender o novo idioma.

Quando o fluxo de negros vindos da Nigéria foi reduzido em vista da enorme quantidade de nativos capturados e da fuga de muitos deles para lugares próximos, os comerciantes de escravos partiram para outros países das regiões vizinhas.

Sua religião era muito heterogênea: provinham das mais diferentes localidades, sofridos, arrancados de suas terras em uma migração passiva com um destino incerto.

Desta maneira, poderíamos dizer que a religião nagô faz parte da cultura iorubá, a religião *jeje* pertence à cultura daomeana, e a religião *banto* tem o mesmo nome de Angola.

Os negros Haussas já chegaram ao Brasil com influência dominadora do islamismo, enquanto o Candomblé pode ser entendido como uma extensão pertencente à religião nagô.

Sincretismo com santos católicos

Como estudiosa do tema, acredito que o sincretismo deveria ser banido em todos os Terreiros, digo isso para reforçar a ideia de que o Candomblé não é folclore, mas religião.

Usar imagens de santos católicos nos Terreiros faz parte de uma vida religiosa submissa, decorrente da época dos colonos e dos senhores de escravos.

O sincretismo é o resultado de um conflito, imposto por um choque entre as diferentes religiões dos negros e o catolicismo no Brasil. É a incorporação do catolicismo, no qual os Orixás foram associados aos santos católicos.

Isso acabou sendo um artifício que os escravos usavam contra a "cultura superior do povo que escravizava".

O sincretismo afro-cristão constituiu-se em uma maneira de cultuar seus Orixás invocando os santos dos brancos para driblar a vigilância religiosa dos seus senhores.

Os adeptos ao culto dos Orixás se mostravam convertidos, mas apenas aparentemente.

No século passado, a pressão policial nos Terreiros foi devastadora para nossa cultura, inclusive cheguei a ser denunciada por vizinhos por "vadiagem" somente por eu ter um Terreiro. Isso só ficou melhor em 1988, com as mudanças na Constituição Brasileira, quando as práticas oraculistas foram permitidas.

Ainda hoje há imagens de santos católicos nos Terreiros, mas no *ronkó* ficam os assentamentos.

Os brancos também sofreram influências da cultura negra, foi quando se originaram as superstições.

Quando se indaga a um sacerdote por que se associa o nome de um santo com um Orixá, a resposta é esta: "O nome do Orixá da justiça é Xangô na África, mas no Brasil ele é chamado de São Jerônimo", assim como Ibeji é sincronizado com São Cosme e São Damião (São Crispim e São Cipriano), ou seja, o sincretismo é um disfarce que serviu ao seu propósito na época. Alguns dos sincretismos mais conhecidos e popularizados no Brasil são:

- **Exu:** erroneamente sincronizado com o diabo cristão (São Pedro, na cidade de Porto Alegre - RS)
- **Oxum:** Nossa Senhora da Conceição (Nossa Senhora das Dores)
- **Iansã:** Santa Bárbara
- **Oxóssi:** São Jorge (Santo Antônio) Em Pernambuco é Arcanjo Miguel
- **Ogum:** São Jorge
- **Xangô:** São Jerônimo (São João)
- **Ossaim:** São Francisco de Assis
- **Obá:** Joana D'Arc (Santa Catarina)
- **Obaluaê:** São Lázaro
- **Oxumaré:** São Bartolomeu
- **Ewá:** Santa Marta (Santa Ágata)
- **Oxalá:** Nosso Senhor do Bonfim (Espírito Santo, Jesus Cristo)
- **Nanã:** Santa Ana
- **Iemanjá:** Nossa Senhora da Conceição (Nossa Senhora das Candeias)
- **Logun-Edé:** Anjo Gabriel

Como identificar seu Orixá protetor

Na mitologia de qualquer continente, sempre se distinguem em primeiro lugar os mitos principais. Alguns mitos são mais importantes (dominantes) mostrando um caráter de pensamento religioso, enquanto outros são menos centrais, embora fantásticos.

Os mitos servem de modelo e exemplo para o comportamento humano e, ao mesmo tempo, ensinam que existe um começo e um fim para todas as coisas.

Produtos de uma imaginação fértil, por vezes simples, os mitos africanos contêm mensagens profundas, que não devem ser tomadas como literárias. Se os pormenores parecem infantis, também o são os da mitologia clássica grega ou egípcia.

Psicólogos contemporâneos, como Carl Jung, viram nos mitos as chaves dos mistérios mais profundos e afirmam que eles não devem ser considerados meras histórias; mas, sim, estudados cuidadosamente, pois proporcionam a revelação da natureza humana oculta.

Conhecer essas divindades, seus mitos e seus arquétipos, vai ajudá-lo a se identificar com um ou mais Orixá, podendo, assim, alcançar um crescimento maior em todos os estágios de sua vida. Saber que é filho de determinado Orixá lhe concede muita proteção. Você poderá chamar pelo seu nome, acender velas em sua intenção e pedir ajuda quando necessário.

Thomas Bulfinch, autor de *O Livro de Ouro da Mitologia*, relata que "os filósofos têm aventado sobre a origem da mitologia quatro teorias. A primeira, a bíblica, explica que todas as lendas teriam origem nas narrativas das Escrituras; a segunda, chamada histórica, entende que todos os personagens foram seres humanos reais e as tradições acrescentaram informações em épocas posteriores. A terceira teoria relaciona-se com a ideia de que os mitos eram apenas simbólicos. A quarta está relacionada com o aspecto físico, onde os elementos Terra, Ar, Fogo e Água foram objetos de adoração religiosa e as principais divindades personificações das forças da natureza." Embora os arquétipos sejam mutáveis ao longo dos anos, você pode identificar seu Orixá protetor conforme explicado a seguir.

Tabelas para descobrir o dia da semana em que nasceu
(Calendário permanente – 1901 a 2036)

Descubra o dia da semana em que você nasceu relacionando o dia, mês e ano do seu aniversário. Por exemplo: para saber em que dia da semana caiu a data 18/7/1966, procure na Tabela A o ano (66) e siga à direita, em linha reta, à Tabela B, até encontrar a coluna do mês de julho. O número encontrado (5) deve ser somado ao dia (18), resultando 23, que, na Tabela C (dia da semana), corresponde à segunda-feira. Agora é só conferir qual Orixá representa o dia da semana em que você nasceu.

Segunda-feira	Iansã, Obaluaê, Iemanjá (raramente homens) e Ogum
Terça-feira	Ogum, Oxumaré, Ossaim, Nanã (somente mulheres)
Quarta-feira	Xangô, Iansã, Obá, Ewá
Quinta-feira	Oxóssi, Ossaim, Logun-Edé, Oxalá (homens)
Sexta-feira	Oxalá, Oxum ou Iemanjá (mulheres)
Sábado	Oxum, Iemanjá, Oxalá (homens)
Domingo	Oxalá, Oxum, Logun-Edé, Iemanjá

	TABELA A				TABELA B										
					Jan	Fev	Mar	Abr	Mai	Jun	Jul	Ago	Set	Out	Nov	Dez
	25	53	81	09	4	0	0	3	5	1	3	6	2	4	0	2
	26	54	82	10	5	1	1	4	6	2	4	0	3	5	1	3
	27	55	83	11	6	2	2	5	0	3	5	1	4	6	2	4
	28	56	84	12	0	3	4	0	2	5	0	3	6	1	4	6
01	29	57	85	13	2	5	5	1	3	6	1	4	0	2	5	0
02	30	58	86	14	3	6	6	2	4	0	2	5	1	3	6	1
03	31	59	87	15	4	0	0	3	5	1	3	6	2	4	0	2
04	32	60	88	16	5	1	2	5	0	3	5	1	4	6	2	4
05	33	61	89	17	0	3	3	6	1	4	6	2	5	0	3	5
06	34	62	90	18	1	4	4	0	2	5	0	3	6	1	4	6
07	35	63	91	19	2	5	5	1	3	6	1	4	0	2	5	0
08	36	64	92	20	3	6	0	3	5	1	3	6	2	4	0	2
09	37	65	93	21	5	1	1	4	6	2	4	0	3	5	1	3
10	38	66	94	22	6	2	2	5	0	3	5	1	4	6	2	4
11	39	67	95	23	0	3	3	6	1	4	6	2	5	0	3	5
12	40	68	96	24	1	4	5	1	3	6	1	4	0	2	5	0
13	41	69	97	25	3	6	6	2	4	0	2	5	1	3	6	1
14	42	70	98	26	4	0	0	3	5	1	3	6	2	4	0	2
15	43	71	99	27	5	1	1	4	6	2	4	0	3	5	1	3
16	44	72	00	28	6	2	3	6	1	4	6	2	5	0	3	5
17	45	73	01	29	1	4	4	0	2	5	0	3	6	1	4	6
18	46	74	02	30	2	5	5	1	3	6	1	4	0	2	5	0
19	47	75	03	31	3	6	6	2	4	0	2	5	1	3	6	1
20	48	76	04	32	4	0	1	4	6	2	4	0	3	5	1	3
21	49	77	05	33	6	2	2	5	0	3	5	1	4	6	2	4
22	50	78	06	34	0	3	3	6	1	4	6	2	5	0	3	5
23	51	79	07	35	1	4	4	0	2	5	0	3	6	1	4	6
24	52	80	08	36	2	5	6	2	4	0	2	5	1	3	6	1

TABELA C						
Dom	Seg	Ter	Qua	Qui	Sex	Sab
1	2	3	4	5	6	7
8	9	10	11	12	13	14
15	16	17	18	19	20	21
22	23	24	25	26	27	28
29	30	31	32	33	34	35
36	37					

Personalidade dos Filhos dos Orixás

Arquétipo é um conceito representativo de padrões de comportamento, associados a um personagem, ideia ou papel social inicial. São características percebidas de maneira semelhante por todos os seres humanos. Um conjunto de imagens, passado de geração a geração, que atua como um molde, uma matriz, que forma o conhecimento e o imaginário do inconsciente coletivo.

A leitura dos arquétipos dos Orixás apresentados a seguir pode facilitar o leitor a se identificar com alguns caracteres de personalidade e a reconhecer alguns de seus aspectos pessoais com mais de um Orixá.

Por exemplo: você pode ter se identificado como filho de Ogum, mas encontrou algumas características de Oxum. Desta maneira, Oxum seria seu anima, ou seja, sua personalidade feminina.

Se compararmos este estudo à astrologia, o segundo Orixá tem, na vida dos seres humanos, a mesma importância do signo ascendente. No Brasil, o Orixá com quem mais nos identificamos é chamado de pai-de-cabeça.

No exemplo citado, o Orixá protetor (ou pai-de-cabeça) é Ogum, e a mãe-de-cabeça é Oxum. Se ainda surgir afinidade com um terceiro Orixá, podemos chamá-lo de "anjo da guarda" (expressão comum nos Terreiros nagôs) e o considerarmos como um Orixá de equilíbrio. Exemplo: uma pessoa tem características de Iansã, Ogum e Oxalá. Os dois primeiros são guerreiros, e o terceiro, Oxalá, é considerado um Orixá sereno para se obter um equilíbrio espiritual.

É muito importante entender que a palavra *Orixá* significa "irradiação que provém da natureza". Por isso, a escolha do seu Orixá (energia) deve ser livre e não imposta por nenhum sacerdote.

De acordo com essa colocação, sou contrária à forma da prática de culto no Brasil, na qual o pai ou mãe-de-santo estabelece o Orixá específico para cada pessoa na sua iniciação religiosa. Muitas vezes, isso é feito porque a pessoa não tem conhecimento e segue rigorosamente os princípios religiosos do Candomblé.

Não são raros os casos em que se notam situações traumáticas no iniciado, quando existe um conflito de opiniões, como nos casos em que alguém sugere que a pessoa foi "raspada" (iniciada) no Orixá errado, ocorrendo a "briga pela cabeça". No meu entender, isso não existe; o efeito é puramente psicológico, uma vez que o ritual objetiva tão somente captar a irradiação de uma energia chamada *Orixá* (força da cabeça).

Não existe um arquétipo de Exu, pois seu papel exclusivo é o de mensageiro entre os homens e os Orixás. Devido à sua pseudoidentificação com o mal, no Brasil pouco se conhece a respeito dos seus filhos. Exu não se manifesta e não dança nos Terreiros (assim como Ossaim). Na Nigéria, existe o culto a Oxetuá – o caminho através do qual Exu fala –, no qual pessoas preparadas para os métodos adivinhatórios são respeitadas pelo dom mágico de predição. Lembrando que tanto este livro quanto o de Jogo de Búzios, já citado, são resultado de quatro anos de estudo especificamente nigerianos. Ou seja, ele é baseado na religião nigeriana. O mesmo ocorre com o arquétipo de Ibeji. No Brasil, eles se apresentam sob a forma de erês (espíritos de ou sob a forma de crianças); sua simbologia é baseada na alegria, na criatividade e no nascimento.

A seguir, conheça um pouco sobre os Orixás mais populares no Brasil.

Oxum ─────────────────────────────────

Símbolo da graciosidade, da bondade e da sensibilidade, das boas maneiras e do julgamento sensato, a fala de uma filha de Oxum é suave e suas maneiras agradáveis; um modelo de coqueteria. Estão sempre distribuindo roupas ou doando brinquedos usados. Raramente são sovinas no que se refere ao relacionamento familiar. Pagam para não entrar em uma briga e estão sempre tentando ajudar, às vezes acabam se dando mal; faz o bem sem ver a quem.

Consciente do que está na moda, uma filha de Oxum se expressa com bom gosto; os padrões geométricos ou chocantes ofendem seu estilo de vida, que é harmonioso. É chorona e às vezes chantagista.

Notavelmente limpa, preocupa-se com a higiene pessoal e está sempre perfumada e bem vestida, como se fosse a uma festa. Gosta de agradar a si mesma e passa horas experimentando novos estilos de penteados, maquiagem e roupas. É do tipo que está sempre se queixando de que não tem o que vestir. Tende a tingir os cabelos desde cedo e adora os tons claros, como o loiro. Geralmente é "cheinha", pois gosta de experimentar as guloseimas que passa horas fazendo em suas tardes livres. Age como se fosse de porcelana chinesa; move-se como uma princesa, mas é extremamente voluptuosa e sensual.

Altamente intuitiva, "sente no ar" algo ruim que está para acontecer. É uma anfitriã maravilhosa. Não gosta de que falem alto ou mal dos outros. Não é do tipo que repara no que os outros estão vestindo. Companheira e carinhosa, sempre tem uma palavra bondosa para dizer. É a melhor das amigas, desde que se tenha o cuidado de não exigir muito dela. Geralmente não percebe as intenções maldosas dos seus inimigos. Possui uma força de penetração fora do comum na natureza humana; é uma psicóloga nata. As pessoas sentem confiança diante de seu dom de saber ouvir. Verdadeira amiga do marido e dos filhos, permite que cada um se expresse livremente.

Extremamente romântica, nasceu para amar e ser amada. Quer conquistar uma filha de Oxum? Ofereça música suave, um jantar magnífico, perfume francês, champanhe, flores... e pronto, ela será sua para sempre.

Cerca de 90% dos filhos de Oxum são do sexo feminino, ou seja, a maioria.

Saúde: os filhos e filhas de Oxum apresentam tendência a engordar devido à ingestão de doces ou a problemas hormonais que provocam obesidade. A prisão de ventre também é uma constante, sendo necessário recorrer ao uso de remédios para minorar o incômodo. Esse problema pode ser combatido de maneira natural, através da ingestão de fibras, encontradas principalmente nas frutas, legumes e verduras.

Distúrbios ginecológicos são comuns nas mulheres, atingindo útero, ovários e trompas. Podem surgir dificuldades para engravidar, mas um tratamento para normalizar ou recuperar a fertilidade pode ser utilizado com sucesso. Os órgãos genitais são extremamente sensíveis e suscetíveis a inflamações. Além desse ponto vulnerável, há também a depressão, desencadeada pelo estresse emocional.

Problemas de visão podem se manifestar devido à pressão ocular causada pela herança genética ou alterações do sistema nervoso.

Profissão: dedicação e muito amor são a tônica do seu trabalho. Normalmente terminam o que se propõem a fazer sem esquecer de ajudar o próximo. Ainda que a maior parte dos filhos de Oxum seja do sexo feminino, pode-se afirmar que estão sempre dispostos a repartir os lucros com seus subordinados, caso alcancem posições de liderança. Perseverantes, altruístas e filantrópicos, chegam ao sucesso ajudados pela virtude de não serem gananciosos; talvez por isso também a sorte bate à sua porta. Seus objetivos profissionais são grandiosos, beneficiando todos os familiares e as pessoas em geral. Oferecem sempre uma palavra amiga e controlam as mais adversas situações com segurança. Os filhos de Oxum nasceram para ser prestigiados.

As profissões em que serão mais bem-sucedidos referem-se aos campos de: assistência social, enfermagem, escolas para crianças, estética, beleza fabricação de alimentos, ginecologia (obstetrícia), instrumentação cirúrgica, literatura infanto-juvenil, nutrição, pedagogia, psicologia, restaurante (cozinheiro), secretariado executivo, sociologia. Na África e na Nigéria as filhas de Oxum são consideradas grandes feiticeiras.

Amor: considerando-se que as mulheres estejam em maioria entre os filhos de Oxum, costumam ser as melhores cônjuges, e demoram um pouco para se unirem a alguém. Após o casamento, apressam-se em ter filhos; se não podem tê-los por problemas biológicos, costumam adotá-los com muita satisfação. Sentimentais e românticas, agarram-se a lembranças e recordações do passado. Caso reencontrem um antigo amor, podem tender à infidelidade. Evitam ao máximo discutir com a pessoa amada, pois sabem que tudo pode desmoronar com uma palavra mais rude. Cenas de ciúme não lhes interessam; se isso acontece, terminam o relacionamento com a certeza de que escolheram os parceiros errados. O amor dos filhos de Oxum é motivado por gentilezas e pela amizade, que deve ser uma constante. Podem ser vingativos, pois não esquecem uma traição ou ofensa. Buscam sempre parceiros com poder de decisão.

Como os filhos de Oxum se relacionam com os filhos de:

- **Oxum:** união estável. Vivem em harmonia, inclusive quando trabalham juntos.
- **Iansã:** quando conseguem respeitar a opinião um do outro a relação é boa.
- **Oxóssi:** Oxóssi é muito falante e alegre. Tudo bem na convivência diária.
- **Ogum:** ele gosta do comando e Oxum de sentir-se protegida. O relacionamento dá certo.
- **Xangô:** união perfeita. Oxum saberá entender os eventuais deslizes de Xangô. Sexualmente se entenderão muito bem.
- **Ossaim:** ambos se sentem bem, porque são extremamente simples. Dá certo enquanto Oxum não se mostra arrogante.
- **Obá:** momentos de depressão de Oxum mesclados com a cobrança de Obá resultam em uma relação difícil.
- **Oxumaré:** atraída pela curiosidade em torno do mistério, Oxum se encanta ao primeiro olhar por Oxumaré. Mas este se distancia pela cobrança e ciúme exagerado.

- **Ewá:** ela aprendeu a não confiar em ninguém, já Oxum faz caridade sem olhar a quem; relacionamento difícil que pode amadurecer com o passar do tempo.
- **Oxalá:** ambos procuram segurança e tendem a ser perfeitos e viver um grande amor com serenidade.
- **Nanã/Obaluaê:** Oxum sabe ser amorosa se motivada para isso. Mas a introspecção de Nanã pode fazer com que a relação se desgaste rapidamente.
- **Iemanjá:** apresentam temperamentos semelhantes quando Iemanjá não critica Oxum. Quando aprimoram as afinidades, além do respeito mútuo, fica tudo bem na relação.
- **Logu-Edé:** Oxum deve se precaver para não se anular ante a alegria de Logun-Edé.

Iansã

Ao se deparar na rua com uma mulher vistosa, de cabelos loiros ou ruivos e muitos objetos de adorno, você pode ter a certeza de que está diante de uma filha de Iansã (Oyá).

Extrovertida, franca, amante da natureza, engraçada, revela ambição e temperamento forte. Honesta de um modo tão seguro, que provavelmente deixa o outro em desvantagem. Apaixonada por viagens, procura sempre fazer parte de clubes exclusivos. Adora ser envolvida e se relaciona melhor com homens mais velhos, o que a faz se sentir mais poderosa.

As filhas de Iansã estão sempre usando roupas da última moda, bem extravagantes, principalmente as que são vestidas e despidas com facilidade. Elas tendem a sair de casa cedo, pois não admite obedecer a seus pais. Com frequência, casam-se mais de uma vez e não se opõem a uma união com um milionário idoso. O homem que ela quer deve ser poderoso o suficiente para protegê-la e sustentá-la em grande estilo. Elas adoram as paixões; romances complicados com homens casados a atraem.

Afetuosa e alegre, uma filha de Iansã quando provocada pode ser áspera e descortês. É um vulcão de emoções. Adora a dança e a noite. Recebe amor e adulação como algo a que tem direito; é de seu merecimento, por transmitir tanta alegria ao mundo. Aprecia o lado oculto da vida. Quando jovem, não tem receio em experimentar drogas e se sente atraída por jogos de sorte. Não teme nada e não gosta de ser passada para trás; é vingativa. Faz o que quer e, bem ou mal, nunca deixa de ser notícia. Ela tende a intimidar aqueles que se atrevem a desafiá-la. Raramente mede palavras e não tem problemas psicológicos profundos, porque expressa suas opiniões abertamente.

Essa filha se sente sufocada morando em um apartamento; adora animais e a vida no campo, cuida muito de sua aparência, usa cremes de beleza e, se necessário, recorre à cirurgia plástica. A ideia de envelhecer pode deprimi-la. Ela não gosta de trabalhos domésticos, mas preza conservar a casa, pintando ou levantando uma parede de tijolos.

Uma filha de Iansã não tem restrições e limitações; é completamente emancipada. Chega sem nenhum aviso e pode ir embora com igual rapidez.

Calcula-se que 90% dos filhos de Iansã sejam do sexo feminino.

Saúde: doenças mais comuns aos filhos e filhas de Iansã são as relativas ao aparelho respiratório, como angina, dores no peito, bronquite, asma, etc. Os pulmões podem ser prejudicados pela nicotina, já que alguns dos seus protegidos fumam em demasia.

As mulheres evitam ser comilonas, geralmente são magras e cuidam do peso. Existe uma tendência à ingestão de bebidas alcoólicas pela depressão que as joga na cama por dias inteiros, em estado de total apatia. Quando jovens, podem manifestar tendência ao uso de drogas.

Os seios são sensíveis e podem vir a apresentar cistos que devem ser tratados. Vaidosas, geralmente recorrem à cirurgia plástica para correções estéticas.

O mau humor ou a irritabilidade cessam quando os protegidos de Iansã usam como terapia o contato com diversas formas de arte ou com a natureza. Também existe a predisposição à taquicardia, quando nervosos.

Profissão: acima de tudo, as filhas de Iansã são exageradas no que fazem, o que às vezes se torna um defeito, pois esse tipo de comportamento incomoda as outras pessoas. As profissões mais indicadas são as que apresentam resultados imediatos, pois revelam-se extremamente impacientes. Ambiciosas, não se realizam quando colocadas em posições subalternas. Boa memória, habilidade e facilidade de expressão são os seus pontos fortes. Gostam de trabalhar em grupo, mas não admitem críticas à sua opinião. Estas são algumas das características dos filhos de Iansã, principalmente em relação às mulheres, que constituem a maioria.

As melhores profissões para os filhos de Iansã referem-se a atividades como: cenografia, modelagem com cerâmica, comércio exterior, dança, decoração, esoterismo e ocultismo, modelo, moda e estilismo, paisagismo, parapsicologia, psicologia, relações internacionais, tradução (tradutor/intérprete), empresa de viagens.

Amor: como a maior parte dos filhos de Iansã são do sexo feminino, costumam ser extremamente sensuais e extravasam esta característica até no seu modo de se vestir. Recorrem a olhares provocantes e conversas insinuantes para conquistar a pessoa amada, criando toda a fantasia no que se refere ao sexo. Podem se aborrecer se os parceiros exigirem exclusividade. Falta-lhes, às vezes, a delicadeza de não falar palavras de baixo calão para se fazer entender. Exageradamente ciumentas, podem se tornar coléricas por pouca coisa. Após uma briga, dificilmente aceitam um pedido de perdão. Algumas filhas de Iansã se casam para fugir da autoridade dos pais.

Como os filhos de Iansã se relacionam com os filhos de:

- **Oxum:** problemas na relação – um se acha mais esperto que o outro. Rivalidade e intriga podem fazer parte deste relacionamento.
- **Iansã:** encontro de duas pessoas parecidas e que conseguem manter a individualidade. União excelente.
- **Oxóssi:** união perfeita se Oxóssi tiver condições financeiras melhores que Iansã; caso contrário, esta pode se tornar presunçosa e autoritária.
- **Ogum:** a única coisa que não se pode dizer da relação é que ela seja entediante. Bom relacionamento.
- **Xangô:** relacionamento abençoado pelos deuses. Xangô e Iansã são guerreiros imbatíveis. Reúnem a inovação de Iansã e o magnetismo de Xangô. Excelente união no plano profissional.
- **Ossaim:** seus filhos não suportam a arrogância e o modo autoritário de Iansã. Relacionamento difícil.
- **Obá:** Iansã não tem muita paciência com a passividade de Obá; difícil convivência no lar.
- **Oxumaré:** ambos são inovadores e há forte atração. O convívio tranquilo depende mais de Iansã.
- **Ewá:** duas rainhas não podem reinar no mesmo lar. Rivalidade.

- **Oxalá:** mais amigos do que amantes, podem levar uma vida tranquila.
- **Nanã Obaluaê:** relação de muito afeto, na qual um quer proteger o outro. Quando têm as mesmas ambições, conseguem se entender bem.
- **Iemanjá:** dois Orixás muito diferentes. A vida agitada de Iansã incomoda a pacata Iemanjá.
- **Logun-Edé:** a frequente mudança de hábitos de Logun-Edé incentiva Iansã. Bons amantes, excelentes parceiros.

Oxóssi ─────────────────────────────

O arquétipo do filho de Oxóssi é associado à pessoa jovial, rápida, esperta, tanto mental quanto fisicamente. São pessoas carismáticas, emotivas, intuitivas, carinhosas, românticas e nervosas. A lógica não os atrai muito. Algumas vezes são imaturos, acreditam em todos e em tudo. Místicos, acreditam que existe algo além do materialismo. Gostam de ouvir palavras de sabedoria, agarrando-as com unhas e dentes. Em princípio, escutam com atenção qualquer conselho ou palavra bondosa, embora isso não queira dizer que vão aceitá-las.

O filho de Oxóssi vive sedento por uma palavra de elogio. Sua maior fraqueza é a indecisão; quando seguro, poderá fazer enorme sucesso. Ele faz várias coisas ao mesmo tempo e não termina nada; é o próprio caçador de si. Eles apreciam o público, são atores notáveis, criativos e requisitados, costumam ser o centro das atenções. Imponentes, podem seguir qualquer carreira relacionada à comunicação, pois são magníficos ao se expressarem, seja falando, seja escrevendo; às vezes, aumentam um pouco as coisas. São versáteis e conhecem todos os assuntos, mas dificilmente esses filhos concluem um curso.

Roupas práticas; jeans e camiseta são seus favoritos, eles não gostam de usar sapatos. Alimentam-se principalmente de sanduíches; não têm paciência para esperar uma refeição ficar pronta. Amáveis com os amigos, eles são sinceros quando se propõem a ajudar os outros.

Um pouco preguiçosos, esses filhos adoram dormir e mostram-se suscetíveis aos elogios ou às ilusões de grandeza. Livram-se da responsabilidade com diplomacia. Têm facilidade para ganhar dinheiro, mas gastam tudo na primeira ocasião que encontram. Não se sentem seguros nos relacionamentos, mas não se importam com isso. Podem perder tudo com facilidade ao mergulhar em uma paixão.

O filho de Oxóssi é uma pessoa do mundo, um andarilho que vive de maneira feliz. Presentear é um dos seus hobbies. Se estiver usando um objeto de adorno e este for apreciado por alguém (pode ser uma joia valiosa), ele se desfaz do ornamento para agradar a pessoa, portanto, não seja avarento ao proporcionar conforto a um filho de Oxóssi; ele faria duas vezes mais por você, caso a situação se invertesse.

Aproximadamente 60% dos filhos de Oxóssi são do sexo masculino; as filhas representam cerca de 40% do total.

Saúde: a sensibilidade dos filhos de Oxóssi reside no aparelho digestivo, provocada pela ingestão de alimentos que não são mastigados corretamente, castigando o estômago frágil.

Estão sujeitos a cáries dentárias e gengivites, tanto pela ingestão demasiada de alimentos doces como pela má assepsia bucal; problemas no maxilar inferior merecerão cuidados na infância, além da possibilidade de terem que usar aparelhos ortodônticos.

Têm extrema sensibilidade nos pés, razão pela qual não é aconselhável nenhum tipo de operação corretiva, embora joanetes sejam frequentes em seus filhos.

Quando crianças, apresentam inflamações e infecções na garganta, principalmente nas amígdalas. Também lhes custa falar; em alguns casos, isso ocorre somente após os quatro anos. Na idade adulta podem sofrer de rouquidão, já que suas cordas vocais constituem outro ponto bastante vulnerável. Devem ser zelosos quanto à ingestão de alimentos que costumam consumir sem levar em conta a qualidade ou mesmo o prazo de validade dos produtos.

Profissão: para as filhas e os filhos de Oxóssi, o dinheiro entra com certa facilidade, mas escorrega pelas mãos mais facilmente ainda. Por isso não são indicados como administradores. Distraídos e desorganizados, parecem não ter paciência com nada. Além disso, tendem a fantasiar o que não conseguem tornar realidade. São pessoas emotivas. Precisam ser encorajados pelos familiares constantemente, pois têm dificuldades em enfrentar o mundo real, principalmente diante de qualquer obstáculo. As melhores profissões para os filhos de Oxóssi relacionam-se às atividades de: agropecuária, ciências alternativas, desenho (criação artística, modelagem, educação artística), filosofia, jornalismo, literatura e poesia, marketing, música, publicidade, rádio e TV, teatro, turismo (guia), zootecnia.

Amor: tanto suas filhas quanto seus filhos dificilmente conseguem ser fiéis a seus parceiros, pois são suscetíveis a paixões à primeira vista. Casam apenas para quebrar a monotonia; não gostam de solidão, apesar de serem individualistas. Buscam parceiros impulsivos e não convencionais. Não sentem atração por pessoas preguiçosas ou caseiras, pois adoram viajar, passear e se divertir. Se no amor eles não vão bem, na profissão menos ainda.

Como os filhos de Oxóssi se relacionam com os filhos de:

- **Oxum:** a atração é imediata. O romantismo de Oxóssi e a sensualidade de Oxum tornam o relacionamento bem agradável.
- **Iansã:** os dois costumam ter paixões fulminantes. Bons amantes, mas ambos podem ser infiéis.
- **Oxóssi:** união possível, já que ambos são criativos e inteligentes. Com certeza a liberdade e a individualidade são preservadas.
- **Ogum:** os dois Orixás apresentam muitas semelhanças, tanto no modo de amar como no aspecto profissional. Relacionamento satisfatório, sendo importante preservar a fidelidade.
- **Xangô:** dá certo se a mulher é *elegum* de Xangô; incentivo entre ambas partes.
- **Ossaim:** o desprendimento e a falta de compromisso de ambos faz a união desmoronar bem cedo. A amizade é para sempre.
- **Obá:** Oxóssi é movido por afeto e Obá é extremamente meiga quando interessada. Ciúmes pode atrapalhar a relação.
- **Oxumaré:** existe certa atração, mas o medo da traição por parte de ambos prejudica o relacionamento.
- **Ewá:** ela gosta de dominar, Oxóssi não suporta essa situação. O convívio certamente se torna insuportável.
- **Oxalá:** este dá espaço para o crescimento de Oxóssi, mas se houver infidelidade, torna-se indiferente e frio.
- **Nanã/Obaluaê:** tanto um como outro supre a carência do "menino" Oxóssi com mimos. Se Oxóssi se cansar dessa atenção exagerada, pode tratar o outro com pouco caso e partir para novo relacionamento.

- Iemanjá: no início há compreensão mútua, mas com o tempo parecem dois estranhos morando na mesma casa.
- Logun-Edé: encontro estimulante; a criatividade de Oxóssi se mistura à vivacidade de Logun-Edé.

Ogum

Os filhos de Ogum são práticos, seguindo mais a razão do que o coração; raramente mudam de opinião por causa dos sentimentos. Avessos às críticas, podem ser egoístas quando o assunto se refere a dividir um lugar de destaque. Têm constituição forte e raramente adoecem. Gostam de praticar esportes, especialmente os radicais. Estabelecem seus ideais muito cedo. São imponentes, metódicos e conscienciosos. Guardam bem os segredos quando se trata de confidências; mas podem ser também especialistas em "jogar verde para colher maduro." Seu sucesso é construído por seus próprios méritos e não esperam receber gratuitamente qualquer coisa da vida.

Esses filhos constroem as coisas para que sejam permanentes, principalmente no que se refere ao amor. Casam-se tarde, somente quando têm certeza da idoneidade do cônjuge. A palavra traição não existe no dicionário dos filhos de Ogum; eles amam a estrutura familiar e adoram crianças. São românticos, podendo ser possessivos e exageradamente briguentos quando enciumados, mas não se deve esperar ouvir "eu amo você" de um filho de Ogum. O lar é seu porto de amarração, bem localizado, limpo e equilibrado. Mas eles não se apegarão aos trabalhos domésticos e se refugiarão em seu quarto sempre que puderem. Músicas e instrumentos musicais os agradam bastante.

Gostam de se vestir bem, apreciam perfumes estrangeiros e diferentes, chegando a serem extravagantes. Reagem com rapidez aos impulsos, pois são inconformistas. Gostam de estar onde há movimento. Exigem muito, mas cedem pouco, principalmente no que diz respeito à sua liberdade. Adoram receber elogios; egocêntricos por natureza, gostam que seu lar gire em torno de si. Filhos de Ogum costumam tentar mudar o ponto de vista de todos. Arquitetam, dinamizam e solucionam projetos complicados. Nunca estarão sem um grupo de admiradores à sua volta. Têm uma multidão de amigos, que a cada dia aumenta mais, embora tenham aprendido a não confiar em nenhum deles. Demonstram certa dificuldade em trabalhar com o sexo oposto, principalmente se estiver no papel de patrão. Competem com ele mesmo; ninguém por perto pode fazer algo melhor ou tão depressa. Esse filho é uma locomotiva!

O espírito aventureiro do filho de Ogum se reflete em sua aparência: exteriormente ele é a síntese da autoconfiança, mas no íntimo pode ocultar um conservador.

Cerca de 90% dos filhos de Ogum são do sexo masculino.

Saúde: os filhos de Ogum têm uma constituição forte e são bem resistentes às doenças. Os nigerianos costumam dizer que os protegidos de Ogum possuem azeite-de-dendê nas juntas e, por isso, nunca ficam velhos. No entanto, as articulações, especialmente dos braços, pulsos e mãos merecem atenção. Na adolescência é comum se queixarem de dores nos ombros. Quando enfermos, recuperam-se rapidamente.

As doenças que mais trazem problemas para os filhos de Ogum são as relacionadas ao sistema nervoso, o que torna sensível o seu aparelho digestivo. As pernas podem sofrer lesões, mas seus pontos fracos são a cabeça e o estômago.

É comum apresentarem sinais de pontos cirúrgicos devido a acidentes ocorridos na infância ou adolescência. A manipulação de objetos cortantes merece cuidados e eles têm certa sensibilidade no uso de produtos químicos, que podem causar alergias, devendo optar pelos naturais ou neutros. O contato com a terra ou o mar alivia suas tensões.

Profissão: amantes dos desafios, os filhos de Ogum desenvolvem melhor seu potencial quando trabalham em atividades nas quais se destacam. São exigentes e difíceis de serem satisfeitos, pois seu trabalho requer uma boa remuneração e ausência de monotonia. Os colegas de profissão acham complicado conviver com os filhos de Ogum, que são sempre metódicos e líderes natos. O raciocínio rápido faz valer a sua verdade sobre a de todos os outros, o que pode tornar penoso o relacionamento diário no campo profissional. São excelentes estrategistas devido à sua personalidade extremamente lógica e resoluta.

As profissões mais indicadas aos filhos de Ogum são relativas às áreas de: aeronáutica, exército ou marinha, agronomia e agricultura, arquitetura, artesanato, biologia, computação e informática, educação física (artes marciais), engenharia, fotografia, mecânica, mineração, oceanografia, odontologia ou prótese dentária, polícia civil ou militar.

Amor: seus filhos são possessivos e ciumentos, fazendo com que os parceiros se tornem eternas conquistas e constantes desafios. Não gostam que interfiram em sua vida privada. Exercem grande fascínio e atraem o sexo oposto por sua beleza; são fiéis quando encontram os parceiros certos, esquecendo por completo suas aventuras anteriores. Demoram a casar, pois querem ter certeza quanto à fidelidade dos companheiros, buscando construir uma vida a dois que dure para sempre, e não medirão esforços para preservar seu casamento; sua estrutura psicológica para enfrentar uma separação e conquistar outra pessoa é uma missão muito trabalhosa para eles. São capazes de sacrifícios, se necessário, para que nada falte à família. Possuem profundo senso de responsabilidade e dedicação.

Como os filhos de Ogum se relacionam com os filhos de:

- **Oxum:** Ogum se encanta com a meiguice de Oxum. União com equilíbrio e segurança.
- **Iansã:** par perfeito – ambos são guerreiros, enérgicos, trabalhadores e não têm medo de situações difíceis.
- **Oxóssi:** a indecisão de Oxóssi incomoda o prático Ogum. Esta relação será proveitosa no campo profissional.
- **Ogum:** ambos são extremamente ordeiros e prezam a individualidade de cada um. O relacionamento é sólido, forte e duradouro, tendo por base a amizade.
- **Xangô:** união difícil, mas não impossível. Xangô gosta de dar ordens e Ogum detesta ser mandado. O tempo pode até tornar a relação mais suportável.
- **Ossaim:** relacionamento de amizade.
- **Obá:** o espírito de renúncia de Obá aborrece o seguro Ogum.
- **Nanã/Obaluaê:** a união tem como base a amizade. Ogum os considera lentos demais para seu ritmo de vida, a menos que estejam prontos para servi-lo.
- **Oxumaré:** a ambição de Oxumaré conquista Ogum; forte atração sexual. É preciso estar atento para que o egocentrismo de ambos não prejudique a relação.
- **Ewá:** as fantasias podem fazer com que o relacionamento se torne interessante no início, mas posteriormente desgastante.

- **Iemanjá:** a docilidade de Iemanjá preserva a harmonia da união; convém apenas ter cuidado com o ciúme exagerado.
- **Oxalá:** o encontro de ambos torna o relacionamento passível de desentendimentos, mas Oxalá mantém o ambiente em paz.
- **Logun-Edé:** a jovialidade de Logun-Edé atrai a vivacidade de Ogum; união benéfica.

Xangô

Artístico e bom político, o filho de Xangô possui grande capacidade de julgamento. Brilha nos campos da lei, da economia ou da administração. Sabe tratar dos negócios como ninguém, sendo extremamente afortunado nas transações financeiras. Sua aguda sagacidade comercial lhe garante ascensão em qualquer carreira.

Os filhos de Xangô despertam toda espécie de emoções nas pessoas, exceto a indiferença. Eles têm o dom de convencer; sempre acham que estão certos e podem ser considerados avarentos, mas na verdade são muito econômicos. Seu maior obstáculo é a ambição exagerada.

Líderes natos e disciplinados, tendem a ser rígidos demais com os outros e consigo mesmo.

Famosos por suas habilidades na oratória e no domínio de multidões, às vezes são intratáveis e inflexíveis e jamais admitem que estão errados, indo aos extremos para desacreditar seus inimigos.

Eles têm certa aversão a hospitais e aos doentes, não aceitam muito a ideia da morte e geralmente são hipocondríacos.

Filhos de Xangô inspiram lealdade a todos os seus subordinados, porque, para eles, nenhum trabalho desmerece a pessoa.

Inquietos e arrojados por natureza, estão sujeitos a oscilar ou a tomar decisões apressadas. Gostam de esquematizar tudo no papel e acham difícil confiar nos outros.

Egocêntricos e teimosos, quando contrariados podem se transformar em tiranos despeitados e mesquinhos.

Adoram bons vinhos, de preferência os importados. São conservadores ao extremo e escolhem cuidadosamente seu guarda-roupa, dando especial atenção aos sapatos.

Graças ao prazer em se deliciar com qualquer tipo de comida ou doces, o filho de Xangô tem certa tendência a engordar. Sua atividade sexual é intensa, ele ama os prazeres que a vida pode oferecer e mostra facilidade em se relacionar com o sexo oposto.

Eles começam a trabalhar e a fazer carreira muito jovens.

Precisam de uma fase em sua vida na qual "expandir" é o lema e conseguem colocar em andamento todos os projetos fantásticos que esboçaram para si mesmo. Um filho de Xangô sabe como ninguém pechinchar.

Acredite, ele é tão envolvente que ou você fica encantado com ele e passa a admirá-lo ou não suporta a sua presença.

Xangô pode ter filhos e filhas, mas acredita-se que 80% sejam do sexo masculino.

Saúde: as doenças que afligem os filhos de Xangô referem-se ao sistema cardiovascular. Podem aparecer problemas de hérnia, hipertensão, estresse e ansiedade (impotência nos homens).

Hipocondríacos ao extremo, usam uma grande quantidade de remédios alopáticos. Quando doentes, evitam ir aos hospitais, pois acreditam estar sujeitos a infecções hospitalares.

Apreciadores da mesa farta, costumam ingerir alimentos saturados, com altas taxas de colesterol. A pressão alta é uma constante, se não tomarem os devidos cuidados, pode ocasionar derrame cerebral. O número de infartados é grande; por isso é recomendável respeitar o período de férias para descanso.

Também são suscetíveis a doenças venéreas por não escolherem com mais critério seus parceiros ou parceiras sexuais.

Profissão: a melhor opção tanto para as filhas quanto para os filhos de Xangô é o trabalho em grupo, principalmente relacionados a atividades políticas, porque são líderes e ótimos oradores. Por seu espírito independente, as atividades autônomas são as mais indicadas. Possuem um grave defeito: suas opiniões são impostas, sem discuti-las. Como principal qualidade, destaca-se o grande poder de organização mental e prática. Não se apoiam nos outros, são eles que estarão apoiando você. São avessos à mediocridade e nasceram para ser respeitados. As profissões mais indicadas relacionam-se às áreas de: administração de empresas, análise política, ciências contábeis, direito, economia, empresariado (executivo ou artístico), fiscalização, hotelaria, magistério, magistratura, cardiologia, política, promotoria e procuradoria, vendas.

Amor: os filhos de Xangô são amantes perfeitos e adoram estar apaixonados. Galantes e sedutores, sempre estão em boa companhia. Apreciam jantares, passeios e amam profundamente os parceiros quando apaixonados. Dão muito de si para não tornar a relação entediante. Pretensiosos, acreditam que podem conquistar quem bem desejam com um estalar de dedos, envolvendo a pessoa com ocasiões especiais, gestos amáveis e presentes. Gostam de mostrar os parceiros para que todos apreciem a imagem do casal perfeito. Sempre dizem desejar a legalização do romance, mas acabam convencendo seu par de que é melhor namorar do que casar. O jogo de esconde-esconde estimula suas fantasias sexuais. Casam-se por mero oportunismo e podem trair às escondidas.

Como os filhos de Xangô se relacionam com os filhos de:

- **Oxum:** submissa, às vezes por conveniência, doce nas horas certas e sempre prestativa, Oxum agrada muito o parceiro exigente. Relacionamento excelente.
- **Iansã:** relação forte, pois ambos são guerreiros e não admitem a derrota. Se cada um respeita o espaço do outro, a união é ótima.
- **Oxóssi:** ambos gostam de emoções fortes e viagens. O relacionamento não pode ter cobranças. A relação pode ser abalada se Xangô se tornar autoritário.
- **Ogum:** este Orixá oferece apoio seguro para as ambições de carreira de Xangô; quando há confiança entre os parceiros, convivem em harmonia.
- **Xangô:** há uma tendência à disputa de comando entre ambos que pode gerar conflitos e discussões; problemas sérios se trabalharem juntos.
- **Ossaim:** a segurança aparente de Xangô não convence o espontâneo Ossaim. Divergência de opiniões e muito exibicionismo por parte de Xangô.
- **Obá:** Xangô não suporta lágrimas, nem da própria mãe; um ambiente de cobranças o afasta do lar.
- **Oxumaré:** Xangô é desconfiado por natureza, mas aprecia receber elogios; Oxumaré também. São bons amantes, ambos exóticos e extravagantes.
- **Ewá:** uma posição social importante, custe o que custar, é o objetivo de Xangô. Quando Ewá se dispõem a bancar esta situação o relacionamento é excelente.
- **Oxalá:** assim como Iemanjá, Oxalá torna o relacionamento sociável, mas sua delicadeza pode irritar o intransigente Xangô.

- **Nanã/ Obaluaê:** sempre se ajudam mutuamente. Xangô gosta de ser servido. Se tem quem o faça, melhor ainda.
- **Iemanjá:** a tranquilidade de Iemanjá diminui o excesso de esnobismo e vaidade de Xangô. União positiva.
- **Logun-Edé:** há uma disputa constante para ver quem é o melhor. Mas lutam juntos para alcançar o sucesso. Muita originalidade na união.

Ossaim

Apesar da cordialidade e do pacifismo, um filho de Ossaim é orgulhoso e não gosta de pedir ajuda aos outros.

São pessoas de fortes sentimentos, dão muito valor à sua reputação, nunca se envolvem com más companhias, o que justifica sua individualidade.

Os filhos de Ossaim conseguem, com seu jeito ingênuo, manipular as pessoas e as opiniões dos outros com habilidade.

Costumam se preocupar com a sobrevivência dos animais, com a flora e a natureza em si e farão tudo o que puderem para conscientizar as pessoas sobre a preservação da vida na Terra. Seu lema é: "Harmonizar e trazer paz para o mundo."

A casa de um filho de Ossaim se parece com uma fazenda, com muitos objetos de cobre e plantas por todo lado. Demostram certa dificuldade em ter filhos; se os têm, criam como pessoas livres.

É muito fácil encontrar um filho de Ossaim: sua forma física o diferencia dos outros pela altura; geralmente é magro. Parece um pouco desligado na alimentação, nutrindo-se apenas com o fundamental. Generoso com seus préstimos, tem clemência para com todos, sem exceção.

Dotados de sorte, positivismo e jovialidade encorajam as pessoas a se interessarem por seus ideais. São capazes de controlar seus sentimentos e opiniões.

Não são necessariamente introvertidos, mas evitam sair do seu habitat. Apresentam forte tendência a desprender-se da família desde cedo.

Os filhos de Ossaim têm um grave defeito: não sabem dizer "não", especialmente quando estranhos pedem sua ajuda.

São do típico interiorano, avessos aos estudos, mas conhecedores profundos de plantas e ervas.

Enquanto o Orixá Obaluaê está relacionado com as doenças, é Ossaim quem fornece as plantas para curar as enfermidades.

Seu filho é cativante, sábio, possuidor de características maravilhosas. Como tem a força vital de um xamã e a inteligência conferida aos seres humanos, sempre está ajudando as pessoas.

Geralmente é mal compreendido pelos familiares; o que lhe compensa é o fato de viver a vida de maneira simples, bebendo eventualmente algo destilado, com seu cigarro de fumo, rodeado de pessoas ávidas em aprender sobre a natureza.

A maioria dos filhos de Ossaim é do sexo masculino.

Saúde: filhos de Ossaim apresentam constituição forte devido à boa alimentação que recebem desde a infância. As articulações são sensíveis, especificamente os joelhos. Doenças agudas são curadas rapidamente com a devida medicação e fitoterapia, que resulta no seu pronto restabelecimento. Os dentes também são vulneráveis e um tanto salientes. Os cabelos são frágeis e os olhos sensíveis à luz noturna. As unhas apresentam-se fracas e quebradiças.

Fora de seu habitat natural, podem apresentar sintomas de claustrofobia.

Profissão: os filhos de Ossaim nasceram para defender as causas civis e ecológicas. Muito honestos e otimistas, não se desencorajam facilmente. São bem-sucedidos em todas as profissões relacionadas à natureza. Possuem forte tendência a trabalhar com algo que motive sua religiosidade. Gostam da vida sedentária e tranquila. São pensativos e quietos. Algumas pessoas os consideram demasiadamente reservados e difíceis de trabalhar em equipe.

As áreas mais indicadas aos filhos de Ossaim são: botânica, cuidados com animais, ecologia, engenharia florestal, farmácia, filosofia, fitoterapia, floricultura, história, homeopatia, hotelaria, proprietário de pousadas, invenções, restaurantes naturalistas, reciclagem de papel e outros.

Amor: os filhos de Ossaim amam com a mesma intensidade a natureza e o parceiro escolhido. Suas atitudes são atenciosas; amam despreocupados com o tempo. Demoram para encontrar a pessoa certa devido aos conflitos acerca de sua sexualidade. Em perfeito equilíbrio com a matéria e o espírito, fazem do amor um ato mágico e erótico ao mesmo tempo.

Como os filhos de Ossaim se relacionam com os filhos de:

- **Oxum:** muita tranquilidade, pois ambos se permitem liberdade de ação, além de muito afeto.
- **Iansã:** forte atração sexual. Apesar disso, a convivência é impossível.
- **Ogum:** gênios impulsivos; tendem a fortalecer a união quando existe colaboração e crescimento no campo profissional.
- **Oxóssi:** Ossaim participa dos desejos de aventura de Oxóssi; gosta de viver uma "amizade colorida".
- **Xangô:** relação difícil; os conflitos entre ambos podem ser acentuados.
- **Ossaim:** duas pessoas tão iguais só acentuam seus pontos positivos, principalmente a liberdade, a espiritualidade e os dons artísticos. Excelente combinação.

- **Obá:** Ossaim é brincalhão e gosta de viver livremente. Se conseguir superar o egoísmo e a possessividade de Obá, tudo bem.
- **Oxumaré:** a ambição e sede de poder de Oxumaré incomodam o modesto Ossaim. Um se preocupa com a matéria, enquanto o outro busca a espiritualidade.
- **Ewá:** a associação entre Ossaim e a sensual Ewá pode provocar uma aventura estimulante e duradoura.
- **Oxalá:** ambos exercem controle sobre suas ações, são tradicionalistas e a relação costuma se basear mais na amizade.
- **Nanã/Obaluaê:** o misterioso Ossaim cativará tanto Nanã quanto Obaluaê. Bom convívio, com riqueza de diálogos e opiniões.
- **Iemanjá:** usando de psicologia, Iemanjá faz com que Ossaim não disperse tanto suas ideias.
- **Logun-Edé:** temperamentos semelhantes; valor maior à amizade.

Oxumaré

Enigmático e agraciado com o dom da sabedoria inata, os filhos de Oxumaré são místicos de nascença. Eles tendem a apresentar problemas de visão como o estrabismo, que geralmente cede a partir de alguns anos de vida.

Graciosos e de fala macia, movimentam-se pelos ambientes mais requintados da vida.

São pessoas supersticiosas e contam com a sorte para conquistar tudo que precisam. Prudentes e astutos nos negócios, não precisam se preocupar com dinheiro – provavelmente alguém o sustentará com o maior prazer. Mesmo assim, pode ser um fanático acumulador de riquezas, tornando-se cobiçoso.

Confiam mais nas suas vibrações do que nos conselhos dos outros. Dão muito valor à sua privacidade e podem ter muitos segredos.

São criaturas sobrenaturais; possuem a fantástica capacidade de renascer, como uma cobra que troca de pele periodicamente. Sabem muito bem como ir à luta e vencer.

A calma exterior de um filho de Oxumaré nunca trai seus sentimentos; pois ele planeja tudo com antecedência, demonstra profundo senso de responsabilidade e forte tendência ao poder. Esses filhos não têm escrúpulos quanto a eliminar qualquer um que atravesse seu caminho. Tendem a ser muito cuidadosos no que diz. Nunca permanecem em um emprego ou lugar por muito tempo e costumam aparecer e sumir com igual rapidez.

Invejado por muitos, essa pessoa pode preferir ostentar uma falsa condição financeira. É elegante ao vestir, falar e em suas maneiras; tem uma beleza clássica, fria e serena. Aprecia joias caras e autênticas e não usa bijuterias.

É possessivo e muito exigente no que se refere aos sentimentos. Se não consegue obter poder e influência por conta própria, trata de arrumar um bom casamento usando o parceiro para obter prestígio socioeconômico.

Seus admiradores são fascinados por sua beleza andrógina; muitos de seus filhos têm tendências homoafetivas. É um amante apaixonado, inconstante e muito desconfiado. Leva uma vida perigosa, intrigante, podendo brilhar na política e no comércio de objetos valiosos.

Excêntrico, é apreciado pelas mulheres e atrai os homens, com quem flerta sem nenhum constrangimento.

Suas filhas, além de serem raras, demonstram menor tendência homoafetiva. Podem mudar de personalidade, tornando-se pessoas totalmente diferentes, jovens e prontas para uma nova vida.

Acredita-se que 80% dos filhos de Oxumaré são do sexo masculino.

Saúde: a sensibilidade dos filhos de Oxumaré se manifesta nos órgãos reprodutores. Quando crianças, podem apresentar problemas de estrabismo. Anemia e má assimilação de sais também são frequentes.

Convém evitar o uso de objetos pontiagudos, pois os protegidos deste Orixá têm mãos e dedos frágeis.

A região do umbigo é delicada, dando lugar a hérnias que podem se agravar sem um tratamento adequado.

Profissão: de inteligência hábil e brilhante, tanto suas filhas quanto seus filhos percebem tudo rapidamente, embora não sejam muito aptos a colocarem suas ideias no papel. Relacionam-se melhor em ambientes onde circulam pessoas da alta sociedade.

Os filhos de Oxumaré realizam-se profissionalmente nas áreas de: artes cênicas, comando de escolas de samba, comércio de artes e objetos de valor, criação de alas carnavalescas, decoração (projetos), estética e beleza, fabricação ou manufatura de brindes e presentes.

Amor: amantes ardorosos, misturam sensualidade e mistério. Românticos, sabem agradar na hora certa, mas não gostam de demonstrações de carinho em público. Geralmente escolhem parceiros de posição sócio-econômica superior à sua, capazes de satisfazer todos os seus caprichos e fantasias, que não são poucos. Costumam ser joviais e criativos. Devido à sua curiosidade, é possível que experimentem relações com pessoas do mesmo sexo.

Como os filhos de Oxumaré se relacionam com os filhos de:

- **Oxum:** o relacionamento proporciona equilíbrio emocional e vivacidade.

- **Iansã:** o casal se destaca do grupo por sua constante alegria; fazem ótimas viagens e alcançam fama juntos.
- **Oxóssi:** este Orixá é ótimo orador e exerce grande fascínio sobre Oxumaré. A curiosidade e a vontade de trocar ideias faz com que se tornem grandes amigos.
- **Ogum:** pode haver conflito, pois ambos são atraentes e egocêntricos.
- **Xangô:** ambos podem cair no tédio e não dar atenção ao outro; perigo de conflitos.
- **Ossaim:** sua despreocupação incomoda o decidido Oxumaré.
- **Obá:** sabe trabalhar as qualidades próprias de Oxumaré que ele mesmo nem conhece; incentivo mútuo.
- **Oxumaré:** ambos podem se perder entre inúmeras paixões, contando vantagens um para o outro; não há sinceridade nem confiança.
- **Ewá:** sua versatilidade e estilo camaleônico tornam a relação fascinante, acrescentando enorme energia a ambos.
- **Oxalá:** bons amigos, antes de amantes, mas se Oxumaré espera uma situação de domínio por parte de Oxalá, pode haver problemas, pois suas fantasias não são realizadas pelo parceiro, que costuma apresentar características paternais.
- **Nanã/Obaluaê:** ambos têm a mesma essência e o poder transformador, por isso, pode provocar mudanças no impaciente Oxumaré.
- **Iemanjá:** o misticismo de Oxumaré encanta a racional Iemanjá. Apesar do antagonismo, a convivência pode dar certo.
- **Logun-Edé:** crescimento para ambos; sede de conhecimento e aventuras.

Obá

Protótipo da honestidade, da simplicidade e da força moral, aparentemente uma filha de Obá pode parecer "pesada" e antipática, mas quem a vê tem a certeza de que está diante de uma guerreira que não perde tempo com bobagens.

Essa filha fala com entusiasmo sobre liberdade e democracia. É uma feminista: aquilo que um homem pode fazer, ela provavelmente fará melhor. Nunca se tornará preguiçosa. Também se recusa a mentir e é estritamente avessa à futilidade.

A filha de Obá não é muito popular, pois guarda ressentimentos com facilidade. Acredita que algumas amizades podem ser por interesse; sendo assim, não as cultiva para que não se tornem duradouras.

Sente-se deslocada em festas e reuniões. Não se interessa muito em aprender ou ler sobre variedades para aprimorar sua cultura. Acha que o que sabe é o suficiente.

Ingênua, pode ser vítima de pessoas sem caráter. Os únicos amigos verdadeiros são seus filhos, que ela põe no mundo pela necessidade de ser mãe e se autoafirmar, já que não existe prazer para ela no ato sexual e na convivência com o cônjuge; raras são as exceções.

Tolerante na maior parte do tempo, não tem habilidade para tratar de assuntos financeiros. Pode desistir de conseguir uma posição de destaque por trabalhar com perseverança, por vários anos, para o mesmo patrão.

A vida parece difícil para ela, principalmente no aspecto sentimental. Por seu temor à rejeição, pode adotar uma postura um tanto agressiva para com os mais próximos.

Sua grande alegria é se entregar a grandes movimentos, como às ONG's, nas quais é possível obter a autoridade que deseja. Desta maneira, sente-se ativa e com um objetivo na vida.

A protegida de Obá passa por períodos de depressão e os compreende como um símbolo do nascimento de algo profundo e fecundo; ao restabelecer-se, consegue se sentir mais poderosa.

É provável que tenha apenas uma união estável ou prefira viver sozinha na idade madura. É comum que resolva adotar crianças carentes depois de atingir os quarenta anos. Tendência a relações homoafetivas. Acredita-se que Obá tenha apenas filhas (sexo feminino).

Saúde: sensibilidade no aparelho auditivo interno – principal queixa das filhas de Obá. Também estão sujeitas a doenças que afetam o cérebro e o sistema nervoso; podem sofrer de enxaqueca.

Outro problema, que constitui um verdadeiro calcanhar-de-aquiles, refere-se ao seu desempenho sexual nem sempre satisfatório, motivo de grande frustração. Muitas de suas filhas parecem assexuadas.

Em estado depressivo, chegam a pensar em suicídio.

Profissão: as filhas de Obá obtêm êxito na militância política, relacionando-se bem com grandes comunidades organizadas. Não gostam de ambientes fechados e são avessas à desorganização. Firmes e decididas, às vezes teimosas, não gostam de mudar seu método de trabalho. Costumam dizer sempre a verdade, mesmo que isso traga problemas no futuro. Sempre terminam o que começam com disciplina. As profissões que lhes são mais indicadas relacionam-se às áreas de: agronomia, arqueologia, astronomia, biomedicina, ciências naturais, crítico de arte, ecologia, ensino a crianças deficientes, fonoaudiologia, geologia, museologia, planos de saúde (vendas), política, terapia ocupacional.

Amor: por seu enorme senso de responsabilidade, as filhas de Obá veem o casamento como um compromisso sério e duradouro. Pensam muito antes de tomar uma decisão que será para sempre.

No amor, gostam de se sentir protegidas. São capazes de qualquer sacrifício, superando todos os obstáculos, já que, na maioria das vezes, a escolha dos parceiros é considerada anticonvencional. Confiam integralmente depois de casadas. Perdem o controle da situação quando enganadas.

Como as filhas de Obá se relacionam com os filhos de:

- **Oxum:** rivalidade e ciúme afetam negativamente a relação.
- **Iansã:** nesta união, Obá pode melhorar sua autoestima.
- **Oxóssi:** este Orixá traz vida à monotonia de Obá. A relação se traduz em uma amizade segura.
- **Ogum:** a união representa crescimento, pois participam juntos de todas as experiências.
- **Xangô:** a impaciência e impetuosidade de Xangô, sempre à procura de aventuras sexuais, acarretam problemas ao longo do relacionamento. Em contrapartida, este Orixá é capaz de ativar o espírito guerreiro de Obá.
- **Ossaim:** a segurança emocional que Obá inspira conquista o carente Ossaim, mas a falta de liberdade deste pode fazer com que o vínculo amoroso se rompa facilmente.
- **Obá:** emotivas, fazem com que a relação resista ao tempo; sacrificam o lazer em prol do dever.
- **Oxumaré:** relacionamento difícil; a metódica Obá não compreende as atitudes incoerentes do inconstante Oxumaré.
- **Ewá:** situação favorável; Obá exerce o papel de grande amiga e boa ouvinte.
- **Oxalá:** o pacífico Oxalá demonstra muita ternura para com Obá e há crescimento na relação.

- **Nanã/Obaluaê:** críticas mútuas podem prejudicar o relacionamento. Há crescimento quando ambos compreendem que os conselhos podem ser construtivos.
- **Iemanjá:** o lado materno de cada um faz com que dividam as responsabilidades e vivam felizes em seu lar.
- **Logun-Edé:** é a união do original com o conservador. A relação pode dar certo. Obá deve tomar cuidado para que Logun-Edé não se sinta aprisionado.

Ewá

A filha de Ewá muda de personalidade assim como o clima, que pode mudar várias vezes ao dia. Encantadora, autoconfiante e tagarela, movimenta-se o tempo todo. Não consegue controlar seu caráter temperamental e não sabe ceder (esta palavra, aliás, não existe no seu dicionário). Gosta que os outros prestem atenção nos seus comentários e sente-se bem quando rodeada de amigos.

Com uma vivacidade de causar inveja a qualquer pessoa, consegue fazer várias coisas ao mesmo tempo – tudo sempre às pressas. Fica irritada quando doente, não aceita conselhos médicos, pois é desafiadora e confia mais nos seus instintos. Na adolescência, é comum que a filha de Ewá apresente alguma doença rara que pode ser curada de maneira quase milagrosa. Desobediente e um pouco teimosa, sente-se bem quando fantasia a realidade, pois isso faz com que sua vida não fique tão monótona. Os perigos e as viagens de última hora são bastante apreciados. Pode ter sérios problemas quando atinge a velhice. Enquanto isso não acontece, viver é o seu maior prazer. Também pode ocorrer alguma perturbação psicológica relacionada a um acontecimento na infância.

Sempre inquieta, ao entrar em contato com o mundo da responsabilidade essa filha tem dificuldade de encontrar equilíbrio, já que gosta de viver no mundo da fantasia. A sexualidade pode parecer mal resolvida e extravasada em demonstração de raiva desproporcional com o sexo oposto. Só ficará feliz com o autoconhecimento; precisa de tempo para dedicar-se a si mesma e assim compreender o que considera ser a "sua" verdade. Mesmo que os mais próximos tentem ensinar o que é certo ou errado, nada adiantará. Ela aprende a crescer pelo sofrimento e, desta maneira, obtém o conhecimento. A filha de Ewá não quer modificar o mundo, mas tenta descobri-lo.

Este Orixá tem somente filhas.

Saúde: metabolismo lento é um dos principais pontos fracos das filhas de Ewá. Como consequência, o corpo se mantém em baixa temperatura. Reclamam de fortes dores nas pernas e apresentam problemas como varizes e descalcificação dos ossos. Se ficarem em pé durante longos períodos, sentem vertigens e sofrem queda de pressão. Podem ainda ser vítimas de hemorroidas ocasionadas pela má digestão de alimentos saturados. Parecem ser mais velhas do que realmente são; sua vida, porém, é longa, pois estão sempre com a mente ativa.

Profissão: suas filhas apresentam tendência a uma vida de movimento e diversificação no campo profissional. Geralmente trabalham por prazer e não por obrigação. As profissões que mais as favorecem relacionam-se à: administração de livrarias (proprietárias), diplomacia, economia doméstica, estatística, geofísica, literatura (romancista), meteorologia.

Amor: suas filhas adoram a convivência com os amigos, mesmo depois de casadas. Sua vida sentimental é complicada, pois são extravagantes e buscam emoções fortes. Algumas permanecem solteiras, sendo ótimas amantes, mas não apreciam relacionamentos duradouros. Embora pareçam estar sempre disponíveis, são desconfiadas quando uma pessoa interessada se aproxima e contam coisas absurdas para assustar o pretendente.

Como os filhos de Ewá se relacionam com os filhos de:

- **Oxum:** boa relação quando Ewá não subestima a inteligência de Oxum.
- **Iansã:** crescimento na área mística quando têm paciência entre si, sem perder tempo inventando histórias fantásticas e com situações absurdas.
- **Oxóssi:** extravagantes no modo de agir e de pensar; a relação pode dar certo. Mas a imaturidade, a ingenuidade e a falta de ambição de Oxóssi podem aborrecer Ewá.
- **Ogum:** paixão à primeira vista, bom relacionamento. Ewá se sente protegida, mas se Ogum começa a dominá-la, certamente escapa do relacionamento.
- **Xangô:** certa ambiguidade no relacionamento; triângulo amoroso à vista.
- **Ossaim:** relacionamento superficial.
- **Obá:** grande sentimento de fraternidade.
- **Oxumaré:** apesar da tendência à infidelidade por parte de ambos, pode ser uma ótima união quando há interesses profissionais paralelos.
- **Ewá:** necessitam de estímulo para não brigarem no mesmo espaço social ou profissional; relação difícil.
- **Oxalá:** quando são inteligentes e joviais, deixando de lado opiniões ideológicas, alcançam um bom relacionamento.

- **Nanã/Obaluaê:** pessoas mais velhas e amadurecidas atraem a experiente Ewá. O relacionamento é ótimo enquanto Ewá permanece disposta a aprender os ensinamentos. Logo ela se torna autossuficiente e dispensa o companheiro.
- **Iemanjá:** a intolerância de conviver no mesmo lar com Ewá torna a caprichosa Iemanjá insuportável; união difícil.
- **Logun-Edé:** enquanto trocam ideias, ótimo; a diversificação de conhecimentos torna rica a convivência.

Oxalá

Bom gosto é a sua palavra-chave. Sob uma aparência modesta e correta, o filho de Oxalá abriga uma mente lógica e resoluta. Sua inteligência e habilidade estão encobertas por uma fachada reservada e pouco expansiva.

Calmo em excesso e às vezes lento nos movimentos, está sempre inventando; quando criança, qualquer brinquedo é motivo para ser desmontado e remontado. Este é o seu desafio: entender como as coisas funcionam nos mínimos detalhes. A tranquilidade, dignidade e forte moralidade o impedem de recorrer a meios desonestos para atingir seus objetivos. Sua autoconfiança é tão grande que será preciso implorar para que ele aceite um benefício seu.

Gosta de se isolar. Tem certa dificuldade em ficar em lugares com muitas pessoas; isso o deixa extremamente irritado. O sol não o agrada, devido à sensibilidade da sua pele, geralmente muito branca. Seu comportamento é impecável. Raramente usa palavras ásperas e jamais recorre ao vulgarismo para se fazer entender. Observador vigilante e compreensivo, tem por objetivo defender causas sociais dignas; sua moral é da mais elevada ordem. Anota mentalmente todos os seus erros e progressos;

esta característica o torna muito estimado e popular. Faz poucos inimigos e raramente se envolve em encrencas. Os filhos de Oxalá acreditam em milagres, e milagres acontecem. Muito atenciosos, não sabem disfarçar suas emoções. Jamais esquecem festas, aniversários e ocasiões especiais e não cortam as relações com a figura materna; estão sempre voltando para casa. Dotados de incrível paciência, trabalham firmemente em uma coisa de cada vez. Não gostam de discussões. São asseados física e mentalmente. Tomam banhos demoradíssimos, podendo trocar de roupa várias vezes ao dia.

O relacionamento sentimental é muito equilibrado, não demonstram paixões fugazes. Gostam de sexo e sabem fazer disso uma arte. Credibilidade e sinceridade são seus predicados mais valiosos. Tome cuidado com a paciência destes filhos: quando perdem a calma, os argumentos são inúteis.

Por volta de 90% dos filhos de Oxalá são do sexo masculino.

Saúde: na Nigéria, os albinos são considerados filhos de Oxalá. No Brasil, a sensibilidade ao sol e à claridade fazem com que seus filhos evitem o contato direto com o astro-rei. A cabeça é a parte mais sensível do corpo, reforçando a tendência aos distúrbios de visão, rinite e sinusite. Os dois últimos sintomas podem levar ao uso de remédios descongestionantes.

O sistema nervoso é delicado nos filhos e filhas de Oxalá, que inspiram tranquilidade, mas são explosivos interiormente. Por isso buscam o isolamento como forma de repouso. Precisam dormir bastante para repor as energias; não gostam de praticar esportes e têm tendência a anemias leves. No homem é comum a inflamação da próstata.

A coluna vertebral também inspira cuidados. Predispostos a resfriados e gripes, devem evitar lugares de baixas temperaturas.

Úlceras e gastrites são comuns. Porém, contam com a figura materna nos cuidados com a saúde.

Profissão: com a paciência e a lucidez de um mestre, os filhos de Oxalá estão sempre exercitando a mente e sintetizando tudo de forma harmoniosa. Discretos e de pouca fala, destacam-se em atividades onde as palavras são usadas o mínimo possível. Falta-lhes um pouco de astúcia; somente o tempo e a prática cobrirão essa lacuna. Sua ascensão profissional será acelerada após os trinta e sete anos. Bons companheiros de trabalho, estão sempre dispostos a ajudar os outros. Sua ambição não consiste em vencer na vida, mas em vivê-la apenas. Bom gosto e precisão são características do seu trabalho.

As áreas mais indicadas profissionalmente aos filhos de Oxalá são: artes plásticas, astronomia, bioquímica, cátedra (professor universitário), ciências, computação gráfica, editoração (jornais e revistas), livraria (livreiro), física, química, matemática, pedagogia, redação (escritor), vídeo.

Amor: apesar da aparente timidez, são hábeis e sedutores na arte do amor. Românticos ao extremo, mostram-se apaixonados, o que torna a relação segura aos olhos dos companheiros. São fiéis e só assumem uma relação quando amadurecidos. Casamento apenas depois dos trinta e cinco anos; gostam de namoros longos para ganhar a confiança do amado. Para conquistar o filho ou a filha de Oxalá é preciso cativá-los, antes intelectualmente e depois sexualmente. Acima de tudo, são amigos, além de namorados ou cônjuges. Pacientes, sabem perdoar uma atitude impensada por parte do parceiro. Dignidade é a marca registrada do relacionamento dos filhos de Oxalá. Detestam as pessoas que fantasiam a realidade e que não encaram de frente os problemas. São caseiros e têm prazer em servir e mimar os outros.

Como os filhos de Oxalá se relacionam com os filhos de:

- **Oxum:** convivência maravilhosa. Ambos gostam do lar, dos filhos, detestam riscos e procuram estabilidade.
- **Iansã:** é difícil suportar a liberdade de Iansã; ela age pela força, ele, pelo poder da mente. A convivência pode ser feliz quando ambos respeitam mutuamente seus limites.
- **Oxóssi:** ambos são sensíveis e emotivos. Bom relacionamento. O entusiasmo de Oxóssi vai bem com o companheirismo de Oxalá.
- **Ogum:** a união pode dar certo se Oxalá se submeter por completo ao comando e liderança de Ogum.
- **Xangô:** sua excentricidade não se adapta à docilidade de Oxalá; há divergências de opiniões.
- **Ossaim:** sua falta de refinamento somada à introspecção de Oxalá não resultam em uma relação agradável.
- **Obá:** a persistência, a honestidade e a sinceridade de ambos podem uni-los para sempre.
- **Oxumaré:** suportam com dignidade os problemas financeiros. Bastante sensual, Oxumaré sabe aquecer e seduzir o aparentemente tímido Oxalá.
- **Ewá:** paixão violenta. Ambos podem se perder entre visões poéticas e sonhos impossíveis; passada essa fase, resta uma forte amizade.
- **Oxalá:** o amor pode ser eterno, pois ambos são amantes da dignidade e das tradições e a sensualidade os torna cada vez mais românticos.
- **Nanã/Obaluaê:** lembranças do passado podem se tornar neuróticas, saturando a paciência de Oxalá. Superado esse obstáculo, tudo bem.

- **Iemanjá:** a relação tem por base uma longa amizade e é sustentada pela refinada capacidade intelectual de ambos.
- **Logun-Edé:** o que pode desgastar esta relação é a imaturidade de Logun-Edé, que deixa Oxalá desorientado. Mas a combinação pode dar certo: há um certo estímulo ao crescimento de ambos.

Nanã/Obaluaê

Tanto seus filhos quanto suas filhas têm memória excelente e demonstram curiosidade em relação a todos os assuntos, principalmente os místicos. Peritos em autopreservação, são reservados e guardam para si qualquer tipo de ambição. Discretos, são dignos de confiança. Conseguem tudo através da fé, mantida por orações. Estudiosos, dedicados, tendem a seguir profissões nas quais se prestem a ajudar os outros. Não se adaptam a mudanças e costumam ser muito caseiros. Habilidosos nos trabalhos manuais e no trato com animais, podem suportar qualquer labor sem desmoronarem. Raramente cometem erros em assuntos importantes.

São reservados em questões financeiras. Dinheiro nunca falta para eles; sempre têm uma reserva, caso seja necessário. Excelentes juízes do caráter humano, são muito prestativos a qualquer hora do dia ou da noite. Peça, e eles o atenderão com amor. Sempre humildes no que se refere a ajudar os outros. Uma vez conquistada a sua lealdade, eles darão seu apoio sincero.

Os filhos de Nanã/Obaluaê não gostam de desagradar aqueles que amam; são supersensíveis e dados à autopiedade.

Por serem um pouco conservadores e tradicionalistas, têm preferência por namoros longos. Precisam de tempo para desenvolver e revelar sentimentos ligados à intimidade e mostram-se desajeitados na arte do namoro.

De vez em quando é possível encontrar alguns filhos exageradamente críticos e rabugentos, verdadeiros descobridores de erros alheios, que guardam ressentimentos e injúrias por muito tempo. Têm memória duradoura e exata. Quando aborrecidos, reagem, dedicando-se a algum tipo de trabalho fatigante, aliviando seu sofrimento.

Os sentimentos dos filhos de Nanã/Obaluaê são genuínos. Seu estado de ânimo é governado pelo ambiente que os cerca; precisam de pessoas fortes e leais para se apoiarem. Insultar ou acusar alguém resulta em algo inútil para eles, pois acham inconcebível falar tais coisas na ausência do acusado. São cuidadosos em exibir bom comportamento, sendo polidos e dignos. As palavras-chave em suas vidas são fé e confiança. Geralmente demonstram aparentar mais idade e têm um certo "ar de preocupação". Alguns andam cabisbaixos, às vezes, resmungando.

Qualquer presente que se dê a eles será visto pela última vez: ao invés de ser usado, fica guardado em uma caixinha.

No Brasil, 99% dos *eleguns* de Nanã são do gênero feminino (cultura nagô). Os *eleguns* de Obaluaê são 60% masculinos e 40% femininos.

Saúde: os filhos e filhas desses Orixás apresentam perfil e características muito semelhantes, como lentidão nas reações motoras e mentais. Alguns são introvertidos, podendo demonstrar problemas e alguma dificuldade na fala. Estão ainda sujeitos à retenção de líquidos e a apresentarem estômago dilatado. Hipovitaminose (deficiência de vitaminas no organismo) causada pela má alimentação é comum e pode acarretar doenças de pele. Também o fígado e o pâncreas merecem cuidados e atenções redobrados.

Sujeitos a esgotamento nervoso, caso não durmam o suficiente, os filhos de Nanã/Obaluaê precisam de períodos curtos de descanso ao longo do dia. Podem aparecer problemas relacionados a disfunções circulatórias, reumatismos ou dores ciáticas. Correm riscos de luxações e dores nos ossos; os processos de descalcificação aparecem frequentemente. São mais suscetíveis a problemas agudos (mais rápidos e simples que os crônicos), resistem bem às doenças e têm vida longa.

Profissão: seus filhos são econômicos e não gostam de trabalhar com especulação financeira. Quando trabalham na administração dos bens e propriedades de familiares, são prestigiados. Dispensam o luxo, não gostam de desperdícios e podem se tornar avarentos. Por sua natureza desconfiada, criam atritos infundados. Rendem mais quando trabalham isolados.

Para as filhas de Nanã, as profissões mais favoráveis estão relacionadas às atividades de: antiguidades, arquivologia, cerâmica (artesanato), enfermagem, joalheria, pediatria, tapeçaria.

Assim como os filhos de Nanã, os filhos ou filhas de Obaluaê são econômicos e não gostam de trabalhar com especulação financeira. Administram muito bem os bens e propriedades da família e são reconhecidos por isso. Não se importam com o luxo e não são adeptos ao desperdício, podendo ser até avarentos. De natureza desconfiada, criam atritos desnecessários e produzem mais trabalhando sozinhos. As profissões mais indicadas para os filhos e as filhas de Obaluaê são: arqueologia, biomedicina, dermatologia, farmácia, leilões (leiloeiro), ortopedia, psicanálise.

Amor: introvertidos, carentes de afeto e de amor, muitas vezes, impedem que alguém consiga se aproximar para amá-los. Sensíveis, à flor da pele, consideram tudo muito seriamente, por isso podem achar o amor algo complicado. Querem racionalizar o sentimento e acabam se machucando. Costumam ser pacientes. Seu espírito de autopunição e excesso de zelo afugentam os pretendentes, a menos que o interessado seja cortês e romântico. O ciúme os corrói por dentro, embora não deixem transparecer, tornando o convívio mais difícil, caso não esclareçam suas dúvidas. Por medo da felicidade podem romper bruscamente uma relação, optando por ficar solteiro para sempre.

Como os filho de Nanã/Obaluaê se relacionam com os filhos de:

- **Oxum:** amabilidade, relação amorosa estável.
- **Iansã:** a falta de iniciativa de Nanã provoca conflitos, tornando seus filhos nervosos com a impaciente Iansã; mesmo assim, a união promete um convívio saudável.
- **Oxóssi:** impacientes um com o outro; relacionamento ótimo apenas por um período de férias.
- **Ogum:** Nanã faz com que Ogum mude sua forma de pensar, amadurecendo e tendo uma visão mais profunda das coisas.
- **Xangô:** este Orixá pode acentuar os defeitos de Nanã para forçá-la a se corrigir. Os filhos da terra demonstram que o instinto e o amor superam o egocentrismo.
- **Ossaim:** a sensibilidade e o uso da intuição no trato com a natureza fortalecem a união.
- **Obá:** a maturidade de Obá aprimora o intelecto e tudo o que se refere aos estudos para Nanã.
- **Oxumaré:** bom convívio, já que Oxumaré necessita de proteção, tornando-se mais ameno; cuidado para não tolher seu poder de decisão.

- **Ewá:** a aventureira Ewá incomoda os prudentes e precavidos filhos da terra. Relação conflituosa, que costuma durar apenas enquanto Ewá puder aprender alguma coisa com os dois Orixás, tanto com Nanã quanto com Obaluaê.
- **Oxalá:** muita afinidade espiritual, mas quando a relação se baseia na atração física, não dura muito tempo.
- **Nanã/ Obaluaê:** uma vida de muita prudência torna a relação sólida quando demonstram afeto mútuo.
- **Iemanjá:** a união de pessoas de personalidade parecida pode diminuir o poder de atração de cada um, tornando-os assexuados e apáticos.
- **Logun-Edé:** seu senso de humor dá vida aos introvertidos filhos da terra.

Iemanjá

De tendência gentil e compassiva, a filha de Iemanjá perdoa sem esforço e é compreensiva em relação aos erros dos outros. Extremamente apegada a seus filhos e ao marido, é, de fato, uma dona de casa exemplar. Acompanha a carreira do esposo e se esforça ao máximo para apoiá-lo. Honesta e laboriosa, representa acima de tudo a esposa ideal. É amiga das crianças e dos animais. Tem hábitos simples; adere aos padrões fixos e tem respeito pelas tradições organizadas. É extremamente pontual. Tende a fazer aquilo que é previsto, podendo ser criticada por sua falta de imaginação.

Sua mente não é tumultuada; é pouco provável que apresente problemas psicológicos. Abraça com amor a profissão escolhida, mesmo que seja a mais simples. Humanitária, está sempre torcendo para o sucesso de todos que a rodeiam. Seu estado de humor é variável, mas mesmo irritada, não deixa transparecer seu descontentamento. Trata com amor maternal os objetos de sua afeição. Tem simpatia por adornos em miniaturas. Tapetes estrangeiros a agradam, assim como porcelanas e relíquias de família. Está sempre atualizada em todas as áreas. Tem apreço por joias, em especial as pérolas e os diamantes. A sorte a acompanha, pois tem um coração bondoso. Consegue aquilo que deseja sem recorrer à força ou à violência. Veste-se na moda, porém com discrição. Tem apreço por roupas clássicas. É vaidosa com os cabelos e os mantém na cor escura.

Frágil, sensível e chorona, principalmente quando é repreendida, a filha de Iemanjá é crítica e determina de modo sutil os erros, sabendo ajudar os amigos. Pode ser considerada chata por alguns, devido à sua vontade de estar sempre pronta a ajudar. Confia em poucas pessoas. O segredo de seu sucesso reside na sua boa-fé e generosidade.

A maioria dos filhos de Iemanjá são do sexo feminino, cerca de 95%; há alguns casos raros de filhos.

Saúde: as filhas de Iemanjá podem apresentar distúrbios renais, já que em alguns casos, os rins trabalham em excesso. Essa fadiga renal pode causar prejuízos à pressão arterial. Por herança genética, apresentam tendência à diabetes e ao hipotiroidismo, que faz o organismo trabalhar mais lentamente. A pele, geralmente branca e sensível, pode ficar irritada quando exposta ao sol. Outros pontos fracos são as glândulas suprarrenais e o aparelho reprodutor. Além disso, manifestam alergia a lugares fechados e forte tendência à rinite alérgica ou asma. Propensão a ter algum tipo de problema nas nádegas ou nos seios, devido a seu tamanho volumoso, o que torna comum recorrerem à cirurgia plástica estética.

As filhas de Iemanjá necessitam de períodos de descanso.

Profissão: seus filhos buscam profissões relacionadas a auxiliar pessoas, preferencialmente com atendimento individual. São capazes de tranquilizar e transmitir segurança a todos. Afetuosas, são solidárias para que, assim, sejam felizes no trabalho. Tendem a melhorar tudo à sua volta. Manifestam um forte instinto maternal, sempre pronto a compreender antes de julgar, seja um empregado ou um colega de trabalho.

Tanto os filhos quanto as filhas de Iemanjá obterão sucesso nas áreas de: biblioteconomia, biologia, ensino (direção de escola/professor), fonoaudiologia, funcionalismo público, instrumentação cirúrgica, letras, linguística, literatura infanto-juvenil, massagem terapêutica, odontologia, ortóptica, pintura, produção cultural de eventos.

Amor: como a grande maioria dos filhos de Iemanjá são do sexo feminino, seus filhos costumam ser raros. Para dar certo o relacionamento de uma filha de Iemanjá com o filho de qualquer outro Orixá é necessário que ela esteja bem resolvida em termos emocionais com relação a seus pais, pois sua criação foi rígida e conservadora. Para se tornar a cônjuge ideal se empenhará ao máximo; isso fará com que seja bem aceita pela família do parceiro. Mesmo traída, a filha de Iemanjá é compreensiva e age como mãe e amiga, fazendo o possível para preservar a estrutura familiar. Essa filha é extremamente fiel e não gosta de aventuras.

Como as filhas de Iemanjá se relacionam com os filhos de:

- **Oxum:** união satisfatória; ambos demonstram ter interesses em comum.

- **Iansã:** muita tempestade em copo d'água; Iansã é exibicionista e Iemanjá é o oposto. Tendência a não dar certo.

- **Oxóssi:** sua sensibilidade cativa o coração materno de Iemanjá, tornando o relacionamento bastante versátil e alegre.
- **Ogum:** seu dinamismo dá vida à monotonia de Iemanjá, a menos que a possessividade tome conta do relacionamento.
- **Xangô:** pode ser uma relação conflitante, enfrentando problemas de infidelidade conjugal.
- **Ossaim:** como amizade, tudo bem. Mas por viverem em mundos diferentes, a união pode tornar o relacionamento difícil.
- **Obá:** demonstram ter muito tato e interesses parecidos no que se refere ao bem-estar social.
- **Oxumaré:** relação difícil; um é movimento, o outro, serenidade. Boa parceria somente no trabalho.
- **Ewá:** união insatisfatória; o conservadorismo de Iemanjá afugenta a liberada Ewá.
- **Oxalá:** é a cara-metade e o relacionamento é marcado pela meiguice, romantismo e amizade.
- **Nanã/Obaluaê:** união positiva caso não comecem a se entediar com a monotonia do relacionamento.
- **Iemanjá:** o excesso de críticas mútuas pode estragar a relação; tornam-se mais amigos que amantes.
- **Logun-Edé:** relação bastante afetuosa. Podem ser felizes e preservar esse sentimento durante muito tempo.

Logun-Edé

Desembaraçado, um filho de Logun-Edé se move com graça, elegância e refinamento. Ele tem sorte na vida; seus amigos, com quem convive com muita dignidade, em geral são da alta sociedade. Ciumento e sedutor, chama a atenção de qualquer um. Evita o contato com o sofrimento humano; em seu parecer, a vida é um filme hollywoodiano feito para se viver as mais belas emoções.

Superimaginativo, destaca-se nas artes em geral, como música, teatro e dança. É admirado por sua suavidade, inteligência e sensibilidade. Está sempre elogiando as pessoas e cercado de bons amigos. É alguém que realmente sabe viver e aproveitar a vida, disposto a deixar que os outros vivam em paz também. Extremamente exótico, é um camaleão – muda de personalidade como quem muda de roupa. Está sempre de bom astral; otimismo é sua palavra-chave.

O filho de Logun-Edé tem vontade firme e autoconfiança quase narcisista. Persegue seus objetivos com precisão, sempre de maneira discreta. Não escolhe as amizades; ao contrário, é sempre assediado por pessoas que apreciam a sua companhia. Embora possa assumir exteriormente um ar de indiferença às opiniões dos outros, na verdade, sente-se abalado quando recebe críticas. É terno com seus entes, mas pode ser impiedoso com estranhos. Aprecia o conforto material e coloca seus desejos em primeiro lugar. Sempre alcança seus objetivos, tem certa facilidade em aprender qualquer coisa e tendência a falar mais de um idioma. Ser incomodado é algo que o aborrece, pois é uma pessoa atenciosa, modesta, cortês e deseja que os outros sejam assim também. Não gosta de que digam grosserias e sempre se esforça para ser delicado, mesmo com seu pior inimigo.

"Bon vivant", amigo da noite e da música, sabe se expressar, especialmente quando dança. Brilha cedo na vida, principalmente nos meios de comunicação, publicidade e televisão.

Cerca de 80 a 90% dos filhos de Logun-Edé são do sexo masculino; assim sendo, as filhas representam a minoria.

Saúde: as doenças que atingem tanto os filhos quanto as filhas de Logun-Edé seriam uma síntese dos problemas apresentados pelos filhos de Oxum e de Oxóssi. Além disso, eles demonstram grande sensibilidade nos rins, podendo ser vítimas de cálculos renais e retenção de líquidos. A bexiga pode apresentar problemas e a ingestão de bebidas alcoólicas pode manifestar prontamente sintomas de cistite.

Apesar de altos e magros, seus filhos tendem a engordar em pontos localizados, em consequência dos alimentos saturados que ingerem. A alimentação inadequada pode causar problemas de acne durante a adolescência. Os intestinos são sensíveis. Também são propensos a distúrbios na tireoide.

Profissão: as profissões mais adequadas aos filhos desse Orixá devem unir a razão e a intuição. Eles alcançam sucesso em ambientes onde podem mostrar todo o seu carisma; mas não devem trabalhar em postos de liderança devido à sua indecisão, tanto nos pensamentos como nas atitudes. Os filhos de Logun-Edé não gostam de vencer às custas dos outros. Sua luz interior se encarrega de lhes mostrar o melhor caminho. Demonstram grande interesse pelo próximo e ardoroso senso de justiça, tomando a defesa dos mais fracos; essa atitude faz com que se sintam queridos pelos outros.

As melhores profissões para os filhos de Logun-Edé são as que envolvem: autor de livros de ficção, ciências alternativas, cinema, consultoria de moda, dança, estética e beleza, hotelaria, humorismo, medicina corretiva (cirurgia plástica), música, psicologia, produção editorial, teatro, TV (apresentador, produtor).

Amor: a dupla natureza de Logun-Edé faz com que seus filhos mudem de personalidade com facilidade, a começar pela sua androginia e liberdade de expressão. Conquistar o amor dos filhos de Logun-Edé é difícil, mas fascinante: ora são fiéis, ora namoradores. Alegres e otimistas, sempre estão às voltas com festas e pessoas interessantes, pois não suportam o tédio, embora adorem dividir seus momentos com o ser amado. Apesar da cumplicidade, prezam antes a liberdade que a amizade ou o amor. Não gostam de relacionamentos do tipo prisão; podem fugir dessas situações sufocantes sem deixar vestígios.

Como os filhos de Logun-Edé se relacionam com os filhos de:

- **Oxum:** a ingenuidade de ambos faz com que a união seja um mar de rosas. Excelente relacionamento.
- **Iansã:** combinação excelente quando Iansã respeita o espaço do companheiro; caso contrário, ocorre a separação.
- **Oxóssi:** a união é benéfica. Bons negócios em comum.
- **Ogum:** união ideal, porque Ogum acredita e apoia a maneira de pensar de Logun-Edé. A ideia semelhante garante segurança ao relacionamento.
- **Xangô:** a união pode ser problemática, pois Logun-Edé gosta de fazer o que bem entende e Xangô é mais reservado. Ambos podem se sentir tolhidos.
- **Ossaim:** a falta de seriedade de ambos pode levá-los ao desinteresse e à procura de novos parceiros, embora possam se tornar bons amigos.
- **Obá:** a princípio, Logun-Edé se mostra interessado pela experiente Obá, mas o excesso de zelo pode afugentá-lo.
- **Oxumaré:** como estes Orixás são andróginos, o relacionamento pode dar certo quando ambos respeitam a liberdade individual.

- **Ewá:** momentos agradáveis; Logun-Edé se delicia com as fantasias de Ewá, intensas, mas passageiras.
- **Oxalá:** o sábio Oxalá concede liberdade de expressão a Logun-Edé. Com a facilidade de ambos em fazer amizades e compreender a complexidade da natureza humana, tudo corre bem, inclusive nos negócios.
- **Nanã/Obaluaê:** Logun-Edé faz com que a harmonia e o relacionamento se tornem mágicos. Com a paciência de Nanã e Obaluaê, pode dar certo.
- **Iemanjá:** apesar das divergências sexuais, ambos procuram conhecimento e elevação espiritual.
- **Logun-Edé:** com tantas coisas em comum, certamente alcançam êxito mútuo.

As cartas dos Orixás

1. Exu

Significado: esfera
Dia da semana: segunda-feira
Cores: vermelho (ativo) e preto (absorção de conhecimento)
Saudação: *Laroiê* – "Salve Exu"
Elemento: Fogo
Domínio: encruzilhada
Instrumento: sete ferros presos numa mesma base, voltados para cima.

Esta carta mostra que, em sua mão esquerda, Exu tem ligação com o fogo, com o chão, com a realidade, simbolizando seu lado ativo e de crescimento. Na mão direita ele traz sete setas apontadas para cima, representando os sete caminhos do homem. No centro da carta, uma lemniscata nos fala da espiritualidade. A cor vermelha predominante na carta representa atividade, ação.

Exu é o "recadeiro" das divindades, o que nos faz lembrar dos mensageiros de Deus, motivo pela qual ele vem composto de asas nesta simbologia. Com sua natureza andrógina, muita leveza e liberdade, Exu é o diplomata dos Orixás. É ele que vai interpretar a suas leituras e interceder entre os Orixás e os seres humanos. Sua função de contato entre o *babalaô* e os demais Orixás faz com que ele supere o real e atinja o suprarreal, o mágico.

De acordo com a mitologia africana, ele é o princípio dinâmico que possibilita a existência, sendo responsável pelo destino de cada um, ou seja, cada pessoa antes de nascer escolhe seu destino, determinando as características individuais de sua personalidade.

Regulador do cosmos, Exu é o Deus da ordem e pode ser brincalhão quando se pede sua ajuda para questões fúteis.

Exu não é "o escravo do Orixá" nem pode ser sincretizado com o diabo, como muitos brasileiros creem baseados na tradição católica. Ele é o mais humano dos Orixás, sendo uma divindade de fácil relacionamento. Não é dele a responsabilidade de decidir o que é certo ou errado, ele apenas realiza a tarefa para a qual foi invocado.

São os Orixás que respondem nas práticas oraculares, mas é Exu que traduz as respostas. Ele poderia ser considerado como um "anjo rebelde", lendário e heroico.

2. Oxum

Significado: rio que passa por Oxogbo, cidade nigeriana
Dia da semana: sábado
Cor: dourado (amarelo)
Saudação: *Ora ieiê ô!* – "brincar nas águas"
Elemento: água (doce)
Domínio: águas, cachoeiras e a maternidade
Instrumento: *abebê* (espelho)

Nesta carta vemos Oxum sentada em meio as águas de uma cachoeira, toda ornamentada, portanto seu *abebê* (espelho) e segurando uma criança no colo. É a mamãe Oxum, a mais intuitiva de todos os Orixás. A cor dourada/amarela de suas vestes representa o ouro, a riqueza, é a cor de Oxum. Já a cor azul predominante na carta simboliza a leveza das águas e as múltiplas representações de Oxum, podendo ser maternal, sacerdotisa, guerreira ou simplesmente uma jovem faceira.

Oxum foi a segunda esposa de Xangô e também viveu em outras épocas com Ogum e Oxóssi. Sua morada é nas cachoeiras e rios de água doce (axé de muita importância, sem a qual não haveria vida na Terra), onde os devotos costumam entregar comidas e presentes. Na África, é chamada de *Iyalodê*, cargo ocupado pela mulher mais sábia da tribo.

Apesar da forte marca que carrega de maternidade (assim como Iemanjá), Oxum é geralmente associada e representada por uma deusa jovem. Foi rainha em Oyó, onde as mulheres que desejavam engravidar a procuravam, sendo respeitadíssima como sacerdotisa. Também considerada a deusa da beleza e do dinheiro, sendo a ela atribuído um gosto refinado por tudo o que é caro.

O *abebê* (espelho) e o leque fazem parte de sua indumentária, assim como roupas vistosas. Seu principal alimento é chamado "sangue branco", ou seja, o mel, que é um nutriente por excelência.

No Brasil, associa-se Oxum ao ouro, o metal mais valioso que conhecemos. Por sua beleza coquete e faceira, Oxum conquistou vários amores mostrando sua docilidade. Sua dança insiste nesse aspecto: imita os gestos delicados de uma mulher sensual que toma banho no rio, admira-se, observando sua face em um espelho, abanando-se com um leque e usando pulseiras de metal (*idés*).

3. Iansã (Oyá)

Significado: mesan; nove

Dia da semana: quarta-feira (ou segunda-feira)

Cores: vermelho (ativo e fogo) ou marrom (terra)

Saudação: *E Parrei!* – "Olá jovial e alegre!" ou "Que bela espada!"

Elemento: ar (vento)

Domínio: ventos e tempestades

Instrumento: *iruexim* (cabo de ferro ou cobre com um rabo de cavalo)

Deusa dos raios, relâmpagos, ventos e tempestades, Iansã vem representada nesta carta com uma espada na mãe direita, destacando seu porte de Rainha, de Imperatriz, e uma tocha de fogo na mãe esquerda, mostrando seu temperamento ardente, destemido, impetuoso e justiceiro, característico de seu comportamento. É a Rainha dos Orixás. A cor predominantemente vermelha da carta mostra que Iansã vem para colocar em atividade tudo aquilo que o consulente está pleiteando, mostrando que está na hora de acontecer. É uma carta de urgência.

Iansã é o Orixá de um rio conhecido como Níger, cujo nome original em iorubá é *Oyá* (versão pouco difundida no Brasil, onde é muito conhecida nos locais que existe o culto aos *eleguns*).

Primeira esposa de Xangô, Iansã foi atraída por seu tipo elegante e fino, o que a levou a abandonar o rústico Ogum, com quem era casada. É o único Orixá que não teme os mortos ou *eguns*, dominando-os com o *iruexim* (instrumento feito com rabo de cavalo). É a senhora absoluta do culto ao *egungum* (ancestrais divinizados, mortos da família).

Divide com Xangô o poder da justiça. As lendas nigerianas relatam que seu cotidiano não era nada monótono, enfrentando, inclusive, guerras para obter o domínio da tribo. É um Orixá que não teme nada.

Quando se manifesta em um de seus iniciados, ela está adornada com uma coroa, cujas franjas escondem seu rosto. Traz consigo uma espada, o *iruexim*, e chifres de búfalo enfeitando as roupas, uma alusão sobre a qual Iansã teria o poder de se transformar em um animal, proeza descoberta por Ogum.

Durante a cerimônia, ela evoca as tempestades e os ventos através de seus movimentos de dança, abrindo os braços estendidos para frente com gestos rápidos.

4. Oraniã (Oranian – Oranniyan)

Significado: gracioso, grande caçador, (comedor de inhame).

Dia da semana: terça-feira e quarta-feira

Cores: branco, preto, verde e azul

Saudação: *Mojuba Oranian!*

Elemento: Terra e Ar

Domínio: terra, batalhas e guerras

Instrumento: facão

Nesta carta vemos o poder representado por um dos mais nobre e justos dos guerreiros. Assim como o Imperador do Tarô, Oraniã é retratado sentado em um trono. O cetro na mão direita representa firmeza, cuidado, segurança, símbolo de sua autoridade, é o *òpá* (bastão de guerreiro). Na mão esquerda, a foice é o seu *asà* (escudo), representando o respeito, as vitórias, a combatividade, mas também a paz. Com suas cores binárias, uma representação do Yin-Yang, as duas metades de Oraniã representa a dualidade entre o bem e o mal. Paternal e com um senso de orientação aguçado, ele vem trazer proteção e conquistas leais. É uma carta de autoafirmação.

Respeitado como um dos fundadores da cidade espiritual mais cara de todos os tempos, Oraniã foi um rei dos iorubás da cidade de Ifé, na Nigéria. Filho mais novo de Oduduwa, e o mais poderoso e famoso de todos, foi um exímio caçador, colecionando grandes e numerosas conquistas. Oraniã se casa com Torosí e com ela tem um filho, Xangô, nascido de mãe mortal e pai semideus. Como o 4ª Óòni de Ifé, Oraniã governou até sua morte.

Oraniã é o Orixá considerado como o filho mais jovem de Oduduwa (algumas fontes dizem ser neto) e é um super guerreiro. As lendas revelam que seria filho de Ogum e Lakange e sua aparência seria bem curiosa: de um lado, sua pele é negra por ser filho de Ogum, e de outro, sua pele é branca, por ser filho de Oduduwa (a explicação lendária é que no momento da fecundação o conteúdo seminal de Ogum – que traiu o pai –, mesclou-se com o sêmem de Oduduwa).

Oranian foi o fundador da cidade de Oyó e rei de Ifé, a cidade mais importante para o povo iorubano, onde o patrimônio cultural e religioso está preservado até os dias atuais.

5. Olodumarê (Olorum, Orumilá)

Significado: *olo* – poder, *dun* – tempo, *ma* – o todo, o ser completo, *re* – o ciclo todo, a realização.

Dia da semana: todos os dias

Cores: branco, dourado, azul e verde

Saudação: *Mojubá Olodomuaré Olorum*

Elemento: Ar

Domínio: planeta

Instrumento: seria o próprio planeta, os pintores o retratam como o Céu, o Universo.

Esta carta representa os pilares das tradições. Assim como o Hierofante, o Sacerdote ou o Papa, Olodumarê transpassa o limite da sabedoria. Depois da ordem estabelecida por Oraniã mediante suas conquistas, é ele que vem romper a estabilidade para um bem maior, a busca do espiritual, a quintessência do ser. Na mão esquerda voltada para dentro, Olodumarê carrega uma palmeira, representando a sede de conhecimento e a embriaguez espiritual. A mão direita voltada para fora derrama uma bênção sobre seus filhos. Um par de chaves cruzadas simboliza o equilíbrio entre as mentes (consciente e subsconciente), são as chaves dos mistérios sagrados.

Onipresente, onipotente e onisciente, Olodumarê é um espírito infinitamente perfeito, imortal, que existe por si mesmo e de que todos os outros seres recebem a existência. Os tons de azul predominantes na carta representa a plenitude do céu.

Olodumarê, ou "Senhor Olorum" como é conhecido no idioma iorubá, é o Deus supremo que vive no Orum (Céu). Considerado o criador do Céu e da Terra, é o grande ser supremo e pai dos Orixás, dos seres humanos e de toda a espécie viva que existe no Planeta.

Na Nigéria não existem templos consagrados a ele. A explicação é que "Olorum é demasiadamente grande para ficar limitado a um templo". Foi ele que criou o *axé* (força) contido em todo ser vivo.

A lenda revela que existia o *orum* (céu), mas não existia a terra, que era coberta pela água. Na criação do mundo, Olodumarê escolheu Orixanlá (uma qualidade de Oxalá) para descer à Terra. Dessa forma, nasceu a primeira cidade habitada chamada Ifé.

6. Oxóssi

Significado: *oxó*, caçador; *ossi*, noturno
Dia da semana: quinta-feira
Cor: azul-turquesa (cor do céu no início do dia)
Saudação: *O Kiarô! – okaaro;* "bom dia" em iorubá.
Elemento: Ar
Domínio: matas e caça
Instrumento: *ofá* (arco e flecha)

Nesta carta, vemos Oxóssi diante da escolha entre dois caminhos. O arco e flecha que ele porta nas mãos é o símbolo da caça. Como Orixá, sua responsabilidade em relação ao mundo é garantir a vida dos animais, que somente são sacrificados por absoluta necessidade de alimentação. Os caminhos da esquerda e da direita podem levar a paixões ou a uma união. Tudo é uma questão de escolha. A cor da carta, predominantemente verde e colorida, reflete o conhecimento e as florestas.

Oxóssi é filho de Oxalá e Iemanjá, irmão de Ogum e Exu. Também é considerado o Orixá responsável pela caça, conhecido como Odé, na África.

Assim como seus irmãos Exu e Ogum, é um guerreiro solitário, não lidera ou comanda exércitos como Ogum, mas luta pela sobrevivência da tribo, pois desse Orixá depende seu sustento. Seu símbolo é o arco e flecha, geralmente de ferro, chamado *ofá*. Oxóssi usa o *erukerê* (rabo de cavalo usado só pelos reis).

O culto a esse Orixá é bastante difundido no Brasil, mas pouco lembrado na Nigéria, o que se deve ao fato de Oxóssi ter sido cultuado basicamente na cidade de Keto (terra dos panos vermelhos).

Oxóssi é o Orixá que preza o próprio individualismo, tendo determinação para qualquer combate. Sua seta é sempre certeira, ao ser colocada no arco, atira acertando em cheio seu alvo (ou seu ideal). Acostumado com ações rápidas, está sempre ajudando a comunidade, a sua família e os amigos.

Os filhos de Oxóssi estão dispostos a passar por qualquer dificuldade para provarem que estavam certos.

7. Ogum

Significado: *gun*; guerra

Dia da semana: terça-feira

Cor: azul-escuro (cor do metal quando aquecido na forja)

Saudação: *Ogunhê* – "Olá, Ogum"

Elemento: metais (ferro)

Domínio: todas as ligações que se estabelecem em diferentes lugares, especialmente as rodovias e as estradas de ferro.

Instrumento: espada de ferro

A carta de número sete é uma associação ao movimento. Ogum aparece repentinamente por de trás de um carro puxado por dois cavalos, um de cada cor, lembrando sempre a dualidade de todas as coisas, o bem e o mal, as duas forças que movimentam tudo. Ogum é o abridor de caminhos, é aquele que reforça a escolha de Oxóssi na carta 6. É o regente da lei e da ordem. O Senhor dos Caminhos e das Direções.

Filho mais velho de Oduduwa, Ogum é o Orixá da guerra, divindade que usa a espada e forja o ferro, transformando-o em instrumento de luta.

É o patrono da força produtiva que trabalha a natureza. Considerado o protetor dos militares, ferreiros, agricultores ou dos que trabalham com o ferro, além dos combatentes em geral.

Irmão mais velho de Exu, com quem tem muita coisa em comum, Ogum é de um caráter instável e arrebatador e tem ascendência sobre todos os caminhos.

Os lugares consagrados a Ogum ficam ao ar livre, na entrada da casa ou do Terreiro. Para proteger a casa de um invasor, usa-se uma pedra em forma de bigorna, como uma espécie de amuleto do Orixá da guerra.

A proteção de Ogum é representada por franjas de palmeira ou dendezeiro desfiadas, chamadas *mariwô*, que, penduradas nas portas ou janelas, evitam as más influências, protegendo contra pessoas indesejáveis.

Sem a sua permissão e proteção, nenhuma atividade útil, tanto no espaço urbano como no campo, pode ser aproveitada.

Ogum deve ser invocado logo após Exu ser despachado, abrindo caminho para os outros Orixás.

Como na África, também no Brasil ele é representado por sete instrumentos de ferro pendurados em uma haste de metal.

8. Xangô

Significado: aquele que se destaca pela força
Dia da semana: quarta-feira
Cores: vermelho (ativo), branco (paz), marrom (terra)
Saudação: *Kaô Kabiesilê* – "venham ver nascer sobre o chão"
Elemento: Terra (pedras)
Domínio: rochas que o raio quebra
Instrumento: *oxé* (machado de pedra de lâmina dupla)

A carta de Xangô é aqui representada classicamente como a carta da Justiça. Protetor dos intelectuais, mestre da sabedoria e da justiça, Xangô vem representado com cores vermelhas intensas, símbolo de seu poder com o fogo e as paixões. É o senhor do fogo oculto, aquele que expele o fogo pela boca, ou seja, nada passa por ele sem a devida justiça. Em cada uma da suas mãos ele traz um *Oxé*, o "Machado de Xangô", símbolo máximo de sua atuação como guerreiro.

Xangô é o Orixá cujo domínio está nas rochas, principalmente as que foram destruídas pelos raios. Na África, é chamado Jacuta, ou seja, "o lançador de pedras".

Seu símbolo é o *oxé*, um machado de duas lâminas, que seus filhos quando estão em transe levam na mão.

Um Orixá viril, atrevido e extremamente justiceiro. Tem Iemanjá como mãe e três divindades como esposas: Iansã, Oxum e Obá.

Iansã era a esposa de Ogum, mas se encantou por Xangô. Oxum vivia com Oxóssi e também foi seduzida por este Orixá, que usava argolas de ouro nas orelhas, uma longa trança e uma roupa repleta de búzios, que na época era a moeda corrente. Obá, apesar de ser uma deusa mais velha, também foi esposa de Xangô.

Na Nigéria, as festas consagradas a Xangô são um espetáculo à parte. O *elegum* do Orixá em transe vai ao mercado central para ser admirado e também aos lugares que visitou antes de se tornar um Orixá, o que só aconteceu após a sua morte. Segundo algumas lendas, ele se enforcou em uma árvore de *obi*. Isso justifica sua aversão à morte e aos *eguns* (mortos).

Sua importância no Brasil é tamanha, que chegou a originar cultos específicos em Pernambuco e em outros Estados do Nordeste.

9. Ossaim

Significado: luz divina

Dia da semana: terça-feira ou quinta-feira

Cores: verde (cura) e branco (paz)

Saudação: *Eu, eu assa!* – "Oh, folhas!"

Elemento: Ar

Domínio: matas (florestas virgens, folhas e ervas)

Instrumento: haste metálica de sete pontas, com um pombo no centro

A carta 9 traz Ossaim, um Deus reservado, que não gosta de se misturar. A cor verde da carta remete à floresta, à solidão, destacando a necessidade de buscar a consciência através da meditação. É o Ermitão ou Eremita, é momento de desapego, de desligar a mente e aproveitar o silêncio.

Orixá masculino, de origem *nagô* (iorubá) que, assim como Oxóssi, habita a floresta e não se manifesta nos filhos de santo.

Sua principal ligação é com as plantas e vegetais de modo geral, principalmente os destinadas à medicação. Cada Orixá tem suas folhas particulares, sem as quais, nenhum ritual seria possível.

Ossaim vive sozinho e cuida da preservação da natureza, pois é dono do conhecimento que lhe permite empregar devidamente as plantas na cerimônia. Tem um mistério em torno de si, pois transmite somente para seus iniciados a magia de sua medicina. Para entrar na floresta e recolher as plantas e folhas para o culto, o sacerdote responsável deve observar algumas proibições ritualísticas, como a abstenção de sexo e bebida alcoólica. Deve também deixar numa clareira uma oferenda que agrade o deus, contendo mel, moedas e fumo. Assim, o sacerdote tem condições de encontrar as folhas certas, guiado pelo Orixá que também o protegerá contra qualquer animal que eventualmente possa aparecer.

Enquanto Obaluaê tem poderes para *causar* doenças, Ossaim é capaz de *curá-las*. Por isso é considerado o Orixá da medicina. Sua presença é absolutamente indispensável na realização de qualquer festa ou cerimônia dos Orixás do Candomblé.

Sua dança mítica está relacionada à procura das folhas. Sua roupa é colorida e coberta por todos os tipos de plantas.

10. Iroko

Significado: pau sagrado, madeira sagrada
Dia da semana: segunda-feira
Cores: branco, verde e cinza
Saudação: *Iroko issó!*
Elemento: Terra
Domínio: florestas, folhas, ar
Instrumento: pedaço da gameleira, um tronco

Carta que representa o tempo e sua passagem cíclica. A criação, os altos e baixos da vida. A Roda da Fortuna embalada com um laço exemplifica o tempo dedicado aos seus projetos. Na consulta de Tarô, Iroko traz a rapidez, a agilidade nas respostas. Como todo ciclo envolve nascimento, vida e morte, os Ibejis foram retratados nesta carta para reforçar a continuidade da vida.

Iroko, o Orixá do grande pano branco (*fun fun*) é cultuado no Candomblé Ketu, onde também é conhecido pelo nome de Roko. Já na nação Jeje, ele é o Loko.

Seu nome é associado à gameleira (*Ficus insipida*). Geralmente você encontrará a gameleira plantada na frente de uma casa de Candomblé, como na Casa da Mãe Menininha, em Salvador. A maior de todas as *ialorixás* do Candomblé, Mãe Menininha do Gantois, sempre disse ser protegida por Iroko.

Não é comum existirem *eleguns* (filhos-filhas) de Iroko, já que ele representa o próprio Deus do tempo, da ação e da reação e do processo evolutivo de todo ser.

Iroko seria um dos filhos de Nanã com Oxalá. Seu culto é tão antigo que pode ter se originado na Idade anterior ao ferro, junto ao culto de Nanã. É um Orixá que está unido às grande *yabás* (mães) e feiticeiras como, por exemplo, Oxum.

11. Obá

Significado: rainha
Dia da semana: quarta-feira
Cor: vermelho
Saudação: *Obá xirê!* – "rainha poderosa, forte"
Elemento: água (doce)
Domínio: águas revoltas
Instrumento: adaga

A carta 11 traz Obá com um leão aos seus pés, símbolo da vitória. Obá é a Força, não somente física, mas aterradora, uma força de superação e de amor-próprio, é o domínio dos sentimentos. A cor da carta predominantemente vermelha representa uma paixão visceral pela vida e por tudo que a cerca. É a coragem de encarar obstáculos e a eficiência das conquistas. A leminscata confere poder e continuidade nas ações da guerreira Obá. Momento de integração consigo mesmo.

Obá é a divindade que habita um rio do mesmo nome na Nigéria. Está associada à água doce como Oxum, mas enquanto esta tem seu domínio em um rio calmo e tranquilo, está miticamente relacionada às águas revoltas. Como as deusas guerreiras Oxum e Iansã, também foi esposa de Xangô.

É o Orixá que domina a paixão, talvez de modo doentio ou obsessivo. A característica mais marcante de Obá é a maneira direta com que fala com as pessoas e, muitas vezes, a dificuldade em ser gentil.

Ela é decidida e objetiva em suas atitudes. Nas cerimônias, Obá apresenta uma dança marcial mais parecida com a do Orixá Ogum, empunhando uma espada de cobre enquanto leva na outra mão um escudo com o qual esconde o lado de seu rosto que não apresenta orelha.

Geralmente, quando incorporada, lança-se contra as filhas de Oxum, especialmente se estas estiverem próximas do Orixá Xangô.

A iniciação de uma filha de Obá requer ervas especiais, difíceis de serem encontradas no Brasil.

Por isso, o número de filhas de Obá, de características mais semelhantes às de Iansã, cresce a cada dia.

12. Egum

Significado: morto, ancestral
Dia da semana: segunda-feira
Cores: branco, vermelho, azul
Saudação: *Egungun, axé*
Elemento: Ar e Terra
Domínio: o mundo dos mortos
Instrumento: mortalha

A carta 12 vem para mostrar certa acomodação espiritual, falta de atitude, rendição. Egum não é um Orixá, é a alma ou o espírito de qualquer pessoa falecida. Nesta representação, ele está segurando um homem pendurado de cabeça para baixo, que se se desespera, culpa os outros, mas se acomoda e não se esforça para se libertar. Popularmente, existe a crença de que o Egum é somente um obsessor, algo ruim, porém ele "segura" um ser humano, podendo ser também um espírito de luz, um ancestral. Doze é a carta do carma, é o Enforcado do Tarô, que vem para mostrar que as coisas vão ficar um pouco complicadas, mas que, com paciência e perseverança, tudo pode ficar bem.

Egum, palavra derivada do dialeto iorubá, é proveniente da religião nigeriana e significa "espírito" ou "alma" dos ancestrais falecidos, iniciados no culto ou não. Qualquer pessoa falecida é chamada de *egum*. Já *egungum* é o termo usado para pessoas falecidas que foram importantes para a comunidade (geralmente tem ligação ao culto dos Orixás).

O *egum* pode ser evoluído, um ser de luz ou um espírito sofredor, que deve ser afastado através de um ritual chamado *ebó* (limpeza). Crê-se que todo ser humano tem seu *egum* pessoal. Oyá (Iansã) é o único Orixá feminino que não teme os *eguns*.

O culto aos *eguns* é exclusivo aos homens. O mais importante sacerdote dos *eguns* é chamado *Alapani* e os *Ojés* são os auxiliares do sacerdote. O patrono ancestral do culto dos *Eguns* é Xangô, ele próprio foi um ser que desafiou os espíritos e também as feiticeiras.

No Candomblé, diferente da Umbanda, o médium não incorpora caboclos, preto-velhos e outros espíritos, pois esses são considerados *eguns* que, ao ser iniciado, são afastados daquela pessoa através dos *ébos*.

13. Obaluaê (Omulú)

Significado: rei, Senhor da Terra

Dia da semana: segunda-feira

Cores: branco (paz e cura), preto (conhecimento) e/ou vermelho (atividade)

Saudação: *Atotô!* – "Silêncio!"

Elemento: terra

Domínio: saúde (doenças)

Instrumento: *xaxará* (espécie de bastão mágico)

Nesta carta temos Obaluaê, um dos mais poderosos dos Orixás, responsável pela terra, pelo fogo e pela morte. É ele que rege o fim de todas coisas, a mudança, a saúde e a cura. É o mediador entre os mundos. Apesar de parecer assustadora, a morte fala de transformação, de renascimento. Morrer para dar espaço ao novo. Para tanto, desprender-se do passado é necessário. Quando a carta Obaluaê aparece, não adianta esconder nada, porque ele sabe de todas as coisas.

Deus originário de Daomé, Obaluaê, ou Omulú, sua forma mais velha, são nomes que substituem o Xapanã, deus da varíola, das doenças contagiosas e da peste, aquele que pune os malfeitores, enviando-lhes todos os tipos de doenças.

Proveniente da cultura daomeana, as pessoas consagradas a este deus usam um colar chamado *laguidibá*, feito de pequenos anéis de chifre de búfalo.

Quando o deus se manifesta em um de seus filhos, o sinal de respeito é constatado em todo o Terreiro. O iniciado é coberto por uma roupa revestida de palha da costa e um capuz feito do mesmo material. Leva nas mãos o *xaxará*, uma espécie de vassoura feita de folhas de palmeira e decorada com búzios e cabaças contendo remédios, que passa nos visitantes durante a dança mítica, afastando qualquer tipo de doença. O Orixá dança curvado para frente, próximo ao chão, imitando o sofrimento e os tremores de febre, além de andar como um deformado. Seu culto é cercado de mistérios indevassáveis.

Nos Terreiros, Obaluaê avisa seus protegidos da aproximação de uma epidemia ou ajuda a curar a doença de algum convidado. O conjunto de búzios (*cauris*), utilizado na consulta ao oráculo africano, pertence a esse Orixá.

14. Oxumaré

Significado: aquele que se desloca com a chuva
Dia da semana: terça-feira
Cores: amarelo (conhecimento) e verde (saúde)
Saudação: *Arruboboí!* – *"gbogbo*, contínuo"
Elementos: Ar e Água
Domínio: arco-íris e cobra
Instrumento: serpente de metal

Oxumaré tem a missão de levar água dos mares para o céu, é a comunicação entre o céu e a terra em perfeito equilíbrio. As cores do arco-íris representam a fecundidade da água quando encontra o céu. A cobra, como um cordão umbilical, representa a gestação e a ligação com o ser criador. É a Temperança, trazendo aspectos de harmonia antes da transformação. Atenção à estabilidade mental e emocional, que é o caminho para atingir os seus objetivos.

Orixá andrógino, sua função principal é a de dirigir as forças que produzem o movimento, a ação e a transformação.

Tem uma natureza dupla, durante seis meses é masculino, representado pelo arco-íris, com a incumbência de levar as águas da cachoeira para o reino de Oxalá no *orum* (céu). Nos outros seis meses, Oxumaré assume a forma feminina, a cobra, que vez ou outra se transforma em uma linda deusa, chamada Bessém.

Como uma cobra, morde a própria cauda, formando o símbolo ocidental do ouroboros, gerando um movimento circular contínuo que representa a rotação da Terra e o próprio movimento incessante dos corpos celestes no espaço.

No Brasil seus iniciados usam um longo colar de búzios chamado de *brajá*, um fio de contas que se parece com escamas de serpente. Durante sua dança, o seu protegido aponta os dedos para cima e para baixo alternadamente, indicando os poderes do Céu e da Terra.

Oxumaré é cultuado como o deus da riqueza em diversas regiões, simbolizado por uma grande cuia com moedas entre seus apetrechos de culto. A dualidade faz com que ele carregue todos os opostos e antônimos básicos dentro de si. É um Orixá que representa as polaridades contrárias, como o masculino e o feminino, o bem e o mal, a chuva e o tempo bom, o dia e a noite, respectivamente.

15. Diabo

Significado: *di* – dividido, *bolo* – retrucar
Dia da semana: segunda-feira
Cores: preto, vermelho
Elemento: Terra, Fogo
Domínio: o mundo infernal, inferior
Instrumento: tridente e chicote

Tradicionalmente, a imagem do Diabo é a de um homem com a pele de cor vermelha, um rosto monstruoso, dotado de chifres, seios, patas de bode e rabo pontiagudo, além de um tridente em uma das mãos que seria seu cetro. Nesta carta retratamos o contrário do que foi propagado, principalmente no Brasil, onde aquele que torturou, mentiu e matou foram os senhores do engenho, que davam ordens aos capitães do mato para chicotear aqueles que não aceitavam a tortura da escravidão.

Durante séculos, os negros escravizados foram erroneamente considerados como diabos, aqueles que se rebelavam contra as ordens dos Senhores de Engenho.

De acordo com Gislene Aparecida dos Santos, autora de *Selvagens, exóticos, demoníacos: ideias e imagens sobre uma gente de cor preta*, os europeus enxergavam o preto como marca do mal e da depravação humana. Nos tempos coloniais, o branco representava a razão, o belo, o bom e o justo. O negro, por sua vez, a desrazão, a loucura (a bílis negra que obscurece), o feio, o injusto e a animalidade. A punição e o cativeiro ofereceriam a purificação das almas dos negros escravos que, quanto mais obedientes e servis fossem, mais próximos da salvação eterna estariam.

Esse ser dividido, negador e caluniador tem, de maneira equivocada, uma associação com o Orixá Exú, que é o grande diplomata dos Orixás, cuja responsabilidade é a de transmitir o recado dos deuses aos seres humanos e vice-versa.

O Diabo, portanto, não tem relação nenhuma com o diplomata Exu, foi uma criação do cristianismo como representação do mal, aquele ser que foi expulso dos céus, por ter conspirado e se rebelado contra Deus, no intuito de tomar seu poder.

16. Oxaguiã (Ajagunã)

Significado: *Luz do Jovem Guerreiro*
Dia da semana: sexta-feira
Cor: branca
Saudação: *Epa, babá!* – "Salve, pai!"
Elemento: Ar
Domínio: Céu e Ar
Instrumento: espada e pilão

A carta 16 traz Oxaguiã, a fase mais jovem de Oxalá, um dos Orixás mais conhecidos do Candomblé, considerado pai e criador benevolente de todo o Universo. Como patrono da inteligência, Oxaguiã defende a cultura e o progresso. As cores da carta vêm representando o branco de Oxaguiã e o azul do céu, do qual ele é regente. As pessoas caindo da Torre faz referência ao combate à ignorância.

Oxaguiã representa o conflito que precede a paz. É a perturbação que dá início às mudanças em busca de conhecimento. Ele tem a juventude do guerreiro que destrói para dar lugar ao novo. É o colapso das estruturas que, assim, como a Torre do Tarô, fala de sair da sua zona de conforto e buscar melhorar.

Nascido em Ifé. Ele é guerreiro, valente e sempre desejou ter seu reino e sua independência. Alguns dizem que ele seria filho de Oxalufã.

Sua comida preferida é o inhame. Diz a lenda que ele inventou o pilão para poder comer a iguaria a todo momento.

Quando um devoto está incorporado por Oxaguiã, ele imita o "socar do inhame no pilão" e esse gesto representa a fartura, fecundidade e fertilidade para as mulheres que desejam engravidar.

Oxaguiã sempre dança com vigor e energia, de modo diferente de Oxalufã, sua versão mais velha.

Também é conhecido como Ajagunã, o mais novo dos Oxalás, que nasceu de um *igbim* (caramujo) sem um *ori* (cabeça), e andava desgovernado pelo mundo, em completa aflição. Foi Ogum que consegui ajudá-lo, fazendo com que as duas cabeças se fundissem em perfeito equilíbrio.

17. Ewá

Significado: nome de um rio nigeriano
Dia da semana: terça-feira
Cores: vermelho (atividade) e amarelo (conhecimento)
Saudação: *Rinró!* – "Valor concebido"
Elementos: Ar (raios) e Água (doce)
Domínio: águas doces (nascente do rio)
Instrumento: cobra de metal ou espada

Nesta carta Ewá vem rodeada por estrelas, representando a esperança tão provocada anteriormente na carta 16. Ewá é a intuição, é o bom presságio daquilo que está por vir. Graciosa e muito sábia, ela é protetora da pureza, das águas puras dos rios. Esta carta vem para falar da orientação certa para conquistar seus objetivos. É momento de deixar tudo ir embora, como tudo que é levado pelas correntezas e, com calma, recomeçar.

Ewá é um Orixá feminino, mas não é Iansã ou Oxum, embora seja frequentemente confundida no Brasil (onde não é muito cutuada) com esses Orixás. É a cobra fêmea de Oxumaré, a deusa de um rio do mesmo nome da Nigéria. Na África, é associada com Iemanjá.

Diz-se que Ewá seria a irmã mais velha de Iansã, por isso teria também o domínio sobre os ventos do local onde habitaria as águas de um rio próximo ao rio Oxum.

Ewá usa uma coroa que se alonga até a altura dos quadris, feita de palha da costa e búzios. Segundo pesquisadores nigerianos, ela poderia ser considerada na verdade Obá, ou seja, ambas seriam o mesmo Orixá, mas cada uma recebeu nomes diferentes em localidades distintas.

Outras fontes revelam que teria sido a primeira esposa de Xangô, mas devido ao temperamento autoritário do Orixá dos raios, Iansã, ela o abandonou para viver sozinha.

Posteriormente, apaixonou-se por Oxumaré, dividindo com este as funções de levar a água da terra para o *orum* (céu) equilibrando as forças da Terra.

18. Olokun

Significado: *Olo* (senhora) *okum* (mar)
Dia da semana: sábado
Cores: azul escuro e branco
Saudação: *Maferefun Olokun*
Elemento: Água
Domínio: o oceano
Instrumento: estrela-do-mar, tridente, utensílios de pesca

A carta de número 18 no Tarô é a Lua. Aqui, ela vem representada por Olokun, que rege os oceanos, que por sua vez é regido pela Lua. É o zelador das riquezas e dos mistérios. Na carta, as duas faces de Olokun é representa pela e Lua e pelo mar. Ora feminino, ora masculino, ora homem, ora peixe, Olokun vem para desvendar o nosso subconsciente, para revelar aquilo que está oculto. Um segredo pode vir à tona quando essa representação aparece. Assim como as marés, é preciso saber o momento certo de tomar decisões, tomando cuidado com os caminhos escolhidos nos momentos mais escuros e confiando na sua intuição quando a Lua ilumina as águas do mar.

Olokun é a divindade do mar, chamada "Senhora do mar" ou "Senhor do mar". É representada como metade mulher, metade peixe (ou metade-homem, metade-peixe).

Os ritos, além das homenagens, são para conceder aos seus protegidos fertilidade, fecundidade e prosperidade.

Seu domínio é o mar, onde seus devotos levam presentes como enfeites, perfumes, dentre outros, nas festas anuais. Ela (ou ele) é responsável pelos oceanos e tudo que nele habita, o fundo do mar e seus tesouros.

Em algumas regiões, Olokun é uma entidade predominantemente masculina. Nesta representação, apresenta um comportamento mais violento. Geralmente habita os grandes oceanos e, quando irritado, pode provocar os grandes cataclismas como os tsunamis. É reconhecido como o mais perigoso de todos os deuses. Em um comparativo, seria o Aquaman, da Marvel.

Na forma feminina, apresenta um comportamento maternal e suave, que lembra Iemanjá, quando o mar está calmo e tranquilo.

19. Oxalufã (Obatalá)

Significado: *oxa*, luz e *alá*, branco
Dia da semana: sexta-feira
Cor: branco
Saudação: *Epa, babá!* – "Salve, pai!"
Elemento: Ar
Domínio: Ar (céu), a criação
Instrumento: *opaxorô* (espécie de cajado)

A carta 19 traz a versão mais velha de Oxalá, Oxalufã, com três crianças ao seu redor representando a diversidade. É uma carta de sucesso, de resultados alcançados, a energia e o brilho do Sol que a tudo renova. A experiência e a sabedoria pode conduzir a bons caminhos.

Oxalufã é o fertilizador, o criador de todos os seres da Terra, o pai de todos os Orixás. Como versão mais velha de Oxalá, o mais importante e elevado dos deuses iorubanos, foi o primeiro a ser criado por Olodumarê, o Deus supremo, por isso representa o céu e o princípio de tudo, não como espaço físico, mas como envoltório protetor da Terra, tendo sido encarregado por Olodumarê de criar o mundo. Na África, ele é chamado de *Obatalá*.

Do seu relacionamento com Iemanjá resultou o nascimento dos Orixás. Essa união está representada pela linha do horizonte, dividindo o céu e o mar. Considerado o pai de todos os Orixás da cultura iorubana, uma característica marcante de Oxalá é a aura de respeito que existe em torno do seu nome, pois, após a Criação, ele foi para seu reino com Iemanjá.

Oxalá se apresenta de diversas formas. As mais conhecidas são a representação do jovem Oxaguiã e este mais velho, chamado de Oxalufã, que carrega o *opaxorô* (cajado) como forma de apoio.

Seus adeptos usam colares brancos e roupas claras às sextas-feiras, em sinal de respeito. Existe uma versão da lavagem com as águas de Oxalá que acontece todos os anos na Bahia, representando a limpeza e a devoção em relação ao pai de todos os deuses.

O respeito a Oxalá é demonstrado principalmente nos Terreiros.

20. Nanã (Nanan Buruku ou Nanã Buruquê)

Significado: segundo Pierre Verger, Nanã é um termo de deferência empregado na região de Ashanti para pessoas idosas e respeitáveis.

Dia da semana: terça-feira

Cores: lilás ou branco rajado de azul

Saudação: *Saluba Nanã!* – "Salve, dona do pote da Terra!"

Elementos: Água e Terra (lama)

Domínio: lama e pântanos

Instrumento: *ibiri* (espécie de bengala)

A carta 20 representa a Orixá do segredo sobre a vida e a morte, Nanã, a grande deusa julgadora. A mais velha dentre as Orixás feminias. É ela que guarda as memórias ancestrais, é a senhora das águas tranquilas. Representada na cor lilás, símbolo da purificação, Nanã vem para perguntar o que você fez de certo e errado na sua vida. É a *yaba*, a sábia anciã, a grande matriarca. A aparição desta carta na leitura é indício de uma nova fase.

Nanã Buruku (*iku*, morte) é um Orixá feminino de origem daomeana, que foi incorporado há séculos pela mitologia iorubá quando o povo nagô conquistou Daomé, assimilando sua cultura.

Ela tem o mesmo posto hierárquico de Oxalá ou até mesmo de Olorum. Em Daomé, ainda é apresentada como Orixá masculino ou assexuado, pai ou mãe de todos os seres vivos. Nanã é sempre associada à maternidade. É um dos Orixás mais velhos da água que, relacionada às águas do céu e à lama, teria o poder de conceder a vida e a forma aos seres humanos. Seu elemento é a lama do fundo dos rios. Ela é a deusa dos pântanos, da morte (associada à terra, para onde somos levados após a morte) e da transcendência.

É uma figura muito controvertida no panteão africano: ora perigosa e vingativa, ora desprovida de seus maiores poderes, relegada a um segundo plano amargo e sofrido.

Seus movimentos lembram o andar de uma senhora idosa, com passos lentos, o corpo curvado para frente e apoiado no objeto ritualístico, o *ibiri*.

É considerada a primeira esposa de Oxalá, tendo com ele três filhos: Iroko, Obaluaê e Oxumaré.

Símbolo dos elementos Terra e Água, é a mãe ancestral, a que guarda o mistério da vida. Suas roupas têm listras roxas intercaladas de branco, simbolizando a função de "geradora de vida".

Mais do que a terra e a água, Nanã é a lama, o barro gerador.

21. Iemanjá (Yemaya, Yemoja)

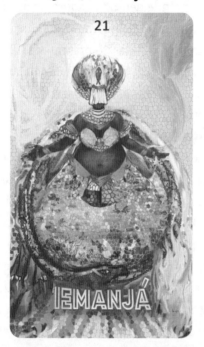

Significado: *iya* – mãe, *omo* – filho, – *eja*, peixe
Dia da semana: sábado
Cores: branco e azul (cristal translúcido)
Saudação: *Odoiá!* – "*odo,* rio"
Elemento: Água
Domínio: mar, água salgada
Instrumento: *abebê* (espelho)

A carta Iemanjá vem representando o Mundo, a criação afetiva, a grande mãe de todas as coisas. É momento de concluir seus projetos, finalizar ciclos e celebrar a vida. Novos projetos são abençoados por essa mãe que rege as águas. Viagens, sucesso, vitórias, a jornada foi concluída, é hora de recomeçar.

Nesta representação vemos uma Iemanjá despida da sensualidade atribuída a ela aqui no Brasil. Proveniente de uma nação chamada Egbá, na Nigéria, onde existe um rio com o mesmo nome deste Orixá, Iemanjá é filha de Olokun (mar) e mãe da maioria dos Orixás. Na África, Iemanjá é associada à fertilidade e a fecundidade.

Sua cor é branca e azul e, juntos, ela e Oxalá teriam feito a criação do Mundo. O ouroboros contorna o Mundo como símbolo da progressão cíclica que vai além do tempo, o príncipio e o fim, a continuidade que abrange de forma profunda todos os seres.

Nas danças míticas, seus iniciados imitam o movimento das ondas executando curiosos gestos, ora como se estivessem nadando no mar, abrindo os braços, ora levando as mãos à testa e elevando-as ao céu, indicando as variações das ondas do mar.

Assim como Oxum, Iemanjá tem diversos nomes (ou qualidades) referentes à diversidade e às diferentes profundidades dos trechos do rio "Yemoja".

Complacente e pródiga, é responsável pela pescaria farta, além da vida com abundância de alimentos.

Iemanjá não lembra a volúpia das sereias das lendas europeias ou a Iara dos mitos indígenas, mas é representada e cultuada sempre com muito respeito, pois é a mãe da criação.

22. Logun-Edé

Significado: príncipe aclamado; *Odé*; relação com Ogum e *Edé*, ligação com Oxóssi

Dia da semana: quinta-feira

Cores: azul-turquesa e amarelo (dourado)

Saudação: *Lóci, lóci, Logun-Edé!* – "Grita seu brado de guerra, príncipe guerreiro!"

Elementos: Ar e Água

Domínio: matas e cachoeiras

Instrumento: *ofá* (arco e flecha) e *abebê* (espelho)

Esta carta representa a liberdade de estar sempre em movimento, aventurando-se, vivendo a sua jornada sem destino. Aspectado como o Louco do Tarô, Logun-Edé, com sua sacolinha nas costas e em companhia de seu cachorro, sai sem destino pelo mundo. Mas como ser dual que é, ele também é símbolo da fartura e da riqueza. Com essa leveza que paira no ar e até com certa ingenuidade, a carta vem, de forma espontânea, mostrar que mesmo sem saber o que o espera, é hora de seguir seu caminho e de se arriscar mais.

Erinlê (uma qualidade de Oxóssi) teve um filho de Oxum-Okê (uma qualidade de Oxum guerreira) que vivia nas montanhas, cujo culto é feito (apesar de raro em Ijexá) na Nigéria.

É o "príncipe" das matas e da caça, já que o pai, Oxóssi, é o "rei", enquanto sua mãe, Oxum, é a "rainha" das águas doces (cachoeiras).

Como um Orixá dualista, durante seis meses do ano vive nas matas, alimentando-se de caça, nos outros seis meses retorna às águas com Oxum, abastecendo-se de peixe.

Logun-Edé representa a síntese dos dois Orixás. Essa duplicidade está presente também nas suas vestimentas e nas oferendas. Seu axé fica concentrado em duas pedras (*otás*) retiradas uma da mata e outra da cachoeira. Os símbolos usados por Logun-Edé nas danças mostram a dualidade que envolve esta divindade: ele carrega o *ofá* (arco) e o *erukerê* (espécie de espanta-moscas) de Oxóssi, seu pai, e o *abebê* de sua mãe.

No assentamento de Logun-Edé geralmente encontramos um cavalo-marinho ou uma pequena imagem de sereia. Nas danças ora dança como o pai Oxóssi, representando a caça e os golpes de lança, ora parece banhar-se nas águas como a mãe Oxum.

Logun-Édé tem um gênio imprevisível e às vezes se mostra faceiro e coquete como a mãe ou solitário e individualista como o pai.

Consagrando o Tarô

• Como sempre falo, a consagração do seu Tarô é algo muito pessoal. A que vou apresentar agora é a que funciona para mim em todos os oráculos que uso, mas se você tiver outras técnicas, elas serão bem-vindas. Dentro da espiritualidade o que importa é a consagração, a dedicação e a permissão para usar o seu instrumento mágico, que é o Tarô. Consagrar é tornar sagrado, é um ato de respeito que dará um caráter divino ao seu baralho, faça isso com fé!

O procedimento para a consagração é muito simples:

Em um lugar tranquilo e silencioso, abra o Tarô em leque com as figuras voltadas para cima (as cartas não precisam estar em ordem). Deixe para fora do leque, em uma posição de destaque, a carta que você achar mais bonita. Ao lado, acenda uma vela de sete dias e faça a seguinte oração:

Eu (nome do tarólogo) peço a proteção dos Orixás, especialmente de Exu, que abre os trabalhos, para que abra a minha terceira visão e aumente a minha clarividência, para que eu possa, assim, auxiliar e orientar as pessoas que me procuram e para o bem de todos os envolvidos na questão. Amém.

O Tarô deve ficar aberto próximo à vela durante os sete dias que ela estiver queimando, tomando todo o cuidado necessário, como colocá-la dentro de um copo de vidro específico e sobre um prato.

A oração é feita somente no primeiro dia, porque a chama da vela (elemento Fogo – atividade) irá mantê-la no astral durante o tempo em que estiver acesa. Se durante os sete dias da consagração for preciso usar o Tarô, retire-o do local, utilize-o e o devolva, deixando-o na mesma posição em que estava.

Métodos de Tiragem

Preparando o jogo

• O ambiente ideal para a tiragem deve ser determinado pelas necessidades do tarólogo, independentemente do método escolhido. Você pode colocar alguns elementos no local da consulta para auxiliá-lo e protegê-lo durante o trabalho. Uma pedra ametista (lilás), por exemplo, purifica o ambiente e abre a terceira visão, facilitando a leitura. A ametista favorece a transmutação da raiva e de qualquer tipo de ressentimento em amor. Um pedaço de carvão dentro de um copo de água filtra o ambiente de qualquer tipo de energia contrária. Obs.: o carvão deve ser trocado de três em três meses. E uma pequena faca ou adaga embaixo (ou ao lado) do pano ou da toalha, que deve ser utilizada apenas para a consulta e serve para proteger o tarólogo, funcionando como um para-raios e captando as energias que possam ser prejudiciais.

A toalha (ou o pano para leitura) sobre a qual você vai abrir as cartas deve ser harmoniosa, compondo um ambiente agradável tanto para o tarólogo como para o consulente. O tecido não deve ser muito pesado, a cor pode ser de sua escolha, lembrando sempre de que o destaque são as cartas.

Use um copo ou jarra com água próximo a você. A água é um catalisador de energias, jogue-a fora em fluxo corrente ao terminar a leitura.

Procure um lugar acolhedor e sem interferências externas, perfume o ambiente com incensos ou ervas aromáticas e, se desejar, use mandalas, isso dará harmonia para o ambiente. As luzes devem ser suaves, uma leitura feita em local muito iluminado pode incomodar. No final do atendimento, organize seu baralho na sequência e guarde em um saquinho próprio para ele. Envolva-o na toalha de consulta para eliminar as influências externas.

As cartas do *Tarô dos Orixás*, compostas pelos 22 Arcanos Maiores, foram ricamente ilustradas por Márcio Heider. Cada Arcano Maior foi aqui representado por um Orixá. Para descobrir todos esses elementos relacionados ao jogo do Tarô, você pode escolher entre dois métodos de tiragem que uso: o Jogo das Três Cartas e o Jogo das 16 Casas, que pode vir antes das perguntas e respostas envolvendo as três cartas, assim, o consulente terá a possibilidade de compreender os fatos que mais o preocupam. Quanto mais intensamente o consulente pensar na pergunta formulada no momento da tirada, mais precisão obterá quanto à resposta.

Jogo das Três Cartas

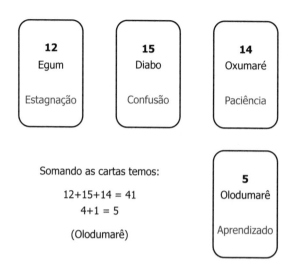

Nesta tiragem, que consiste em abrir um leque com as 22 cartas e pedir ao consulente para fazer uma pergunta, o consulente retira aleatoriamente três cartas e é feita a leitura. Os três arcanos retirados do leque de cartas devem ser somados e reduzidos a um número que esteja entre 1 e 22, e que, portanto, seja equivalente a um dos Arcanos Maiores. Lembre-se sempre de que o resultado final é obtido na soma das três cartas. Caso a soma seja superior a 22, deve ser desdobrado novamente para chegar ao resultado final.

Use intuitivamente a palavra-chave que mais se aproximar da pergunta. Por exemplo, o consulente quer um conselho sobre uma viagem que quer realizar. Peça para ele tirar três cartas aleatoriamente do leque.

Somando-se as três cartas tiradas no nosso exemplo temos: 12 + 15 + 14 = 41   4 + 1 = 5   Olodumarê (Aprendizado).

Interpretação: a carta 5, Olodumarê responde que, depois de um período de estagnação e de confusão o consulente aprendeu que é preciso paciência para realizar seus desejos. A viagem será boa, mas no tempo certo, o que pode ocorrer no prazo de cinco meses. Tenha cuidado com a acomodação.

Após a interpretação, o tarólogo recolhe as três cartas, colocando-as no canto direito (essas cartas não devem voltar ao leque). O consulente então, caso queira, pode continuar com as perguntas até terminarem as cartas do leque. Veja mais um exemplo, o consulente quer saber sobre a saúde de um ente querido, ao tirar as três cartas do leque temos:

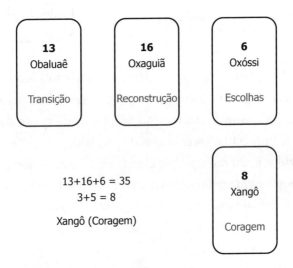

Somando-se as três cartas temos:

13 + 16 + 6 = 35   3 + 5 = 8   Xangô (Coragem)

Interpretação: a carta 8, Xangô mostra que depois de a pessoa passar por um período de transição ou de adaptação em relação a saúde, terá que ter coragem para encarar uma mudança de hábitos. Reveja a alimentação ou a conduta no trabalho e deixe de ter tantas dúvidas que podem provocar ansiedade. Xangô diz que a pessoa ficará estabilizada (ou equilibrada) em agosto (mês 8) ou em 8 meses.

Em outra pergunta, o consulente quer saber se existe a possibilidade de viabilizar um negócio ou abrir uma empresa.

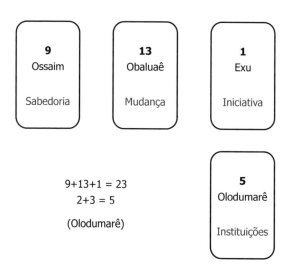

Somando-se as três cartas temos:
9 + 13 + 1 = 23 2 + 3 = 5 Olodumarê (Instituições, parcerias).

Interpretação: a resposta é positiva. Ossaim mostra que o consulente é sábio, cauteloso e não está fazendo nada às pressas. Obaluaê mostra a mudança que está passando, cortando tudo que é ultrapassado e velho, para obter um novo ponto de partida em sua vida, que é indicado pela carta Exu. O resultado é Olodumarê o mestre das instituições. Seu negócio será um sucesso.

Jogo das 16 Casas

O Jogo das 16 Casas cria um sistema mais completo, que vai abordar todos os níveis da vida do consulente e abranger todas as dúvidas que ele possa ter, sem que precise fazer perguntas. As cartas devem ser distribuídas, uma em cada casa, com as figuras voltadas para baixo.

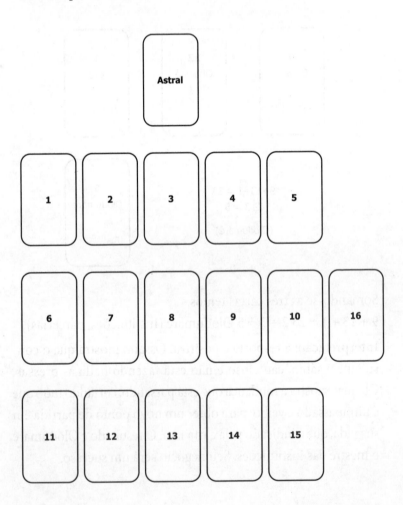

Na primeira parte desse jogo são apresentadas 256 respostas (16 casas X 16 cartas). Após colocar uma carta em cada casa, o tarólogo deixa ao seu lado as cinco cartas restantes e inicia a consulta abrindo a casa do astral e, assim, sucessivamente. Neste tipo de leitura a carta invertida não apresenta nenhum significado diferente, pois o que vai determinar a resposta é o número da carta, sua palavra-chave ou a soma das cartas e seus significados.

Quando terminar a interpretação das 16 casas, o consulente pode iniciar o Jogo das Três Cartas, podendo fazer perguntas para complementar o jogo anterior ou para sanar alguma dúvida que ainda não tenha sido esclarecida.

Neste caso, o tarólogo coloca a primeira carta na casa do astral, seguindo, sucessivamente, até chegar à última. Depois ele junta as cartas recolhidas ao monte restante e embaralha (no mínimo 3, no máximo 7 vezes) e abre um leque de cartas, da esquerda para direita. O leque deve estar disposto de forma organizada e agradável para quem olha. O tarólogo pede ao consulente para que pense em uma pergunta e a formule em voz alta, para criar intimidade entre eles. Se a pergunta não é verbalizada, além de dificultar a interpretação, compromete a interação entre o consulente e o tarólogo. Caso o consulente não queira fazer a pergunta em voz alta, o tarólogo tem a liberdade de encerrar a consulta ou dar sequência, o que ele intuir ser o melhor. Depois de formular a pergunta, o consulente vai retirar três cartas do leque, colocando-as em frente ao tarólogo, uma ao lado da outra viradas para baixo, de maneira que a primeira carta retirada fique ao lado esquerdo do tarólogo, a segunda no centro e a terceira à direita. O tarólogo abre as cartas, começando com a da esquerda, depois abre as duas restantes e soma os números das três cartas, dizendo se a resposta da pergunta é sim ou não.

Obs.: A Casa do Astral diz ao tarólogo como o consulente está espiritualmente para realizar a consulta. Quando as cartas que respondem não ou dúvida, ou seja, Oxóssi (6), Egum (12), Obaluaê (13), Diabo (15), Oxaguiã (16), Olokun (18) e Nanã (20) aparecerem na casa do astral, é importante que, antes de começar a leitura, o tarólogo converse com o consulente, orientando-o para que concentre sua atenção nas respostas do Tarô. Isso é um indicativo de que o consulente está ansioso e preocupado. Se desejar, faça uma oração. Depois disso, recolha as cartas, embaralhe-as novamente e distribua nas 16 casas.

Casa do Astral

Exu: o jogo será altamente benéfico. O consulente vai entender a consulta e terá grande habilidade para resolver todas as questões expostas no jogo.

Oxum: o consulente vai receber com muita atenção as orientações do tarólogo, falando pouco, fazendo poucas perguntas e compreendendo com carinho.

Iansã: o consulente tem os pés no chão e procura adquirir experiência de tudo que é exposto durante a consulta.

Oraniã: o consulente vai se mostrar interessado. É provável que anote ou grave a consulta.

Olodumarê: a consulta será tão interessante para o consulente, que ele vai querer aprender mais sobre as cartas do Tarô e estudar outros temas esotéricos.

Oxóssi: o consulente é uma pessoa curiosa. Ele pode estar apenas "testando" o tarólogo. Recolha as cartas, oriente o consulente da seriedade da consulta e recomece o jogo.

Ogum: o consulente procura nova direção para sua vida. Bons resultados podem vir com o jogo. Preocupação com profissão e possível mudança de endereço.

Xangô: de forma justa, a consulta será equilibrada e harmônica.

Ossaim: a consulta transcorrerá bem, trazendo sabedoria para ambas as partes.

Iroko: os acontecimentos citados durante a consulta terão resultados rápidos e benéficos.

Obá: o consulente tem muita força espiritual. A consulta pode proporcionar um estímulo para seguir em frente.

Egum: o consulente pode estar acomodado. Interrompa a consulta, converse com ele e recomece a leitura.

Obaluaê: os prazos citados podem sofrer algumas mudanças. Acenda uma vela (ou ele pode fazer isso em casa) e recomece a consulta.

Oxumaré: utilizando-se do bom senso, que lhe é peculiar, o consulente saberá tirar proveito da consulta para equilibrar todos os aspectos da sua vida.

Diabo: o astral está carregado e existem influências desarmônicas. Se desejar, faça uma oração, recolha as cartas e recomece a leitura.

Oxaguiã: o jogo poderá ser confuso. O consulente não entenderá (ou não aceitará) as respostas, é bom recomeçar.

Ewá: o consulente é humilde, de bom coração e está em harmonia com o mundo angelical.

Olokun: é provável que o consulente faça perguntas confusas. É melhor parar o jogo, conversar e recomeçar.

Oxalufã: o brilho do consulente será a razão de uma consulta de muito sucesso.

Nanã: oriente o consulente a ampliar seu conhecimento espiritualista. Embaralhe as cartas e recomece o jogo.

Iemanjá: tudo deve transcorrer bem durante a consulta. O consulente é luz, energia, espírito e amor.

Logun-Edé: o consulente possui uma força fantástica, sua autoconfiança diz que ele está preparado para realizar tudo que deseja.

Casa 1 – O consulente

Expressa qual o principal problema, o que o levou à consulta.

Exu: o consulente deseja um novo ponto de partida. A intenção é mudar os rumos da vida. Ele tem os instrumentos certos para agir, basta tomar a iniciativa.

Oxum: uma nova ideia está preste a vir do consulente, mas ele está preocupado com o lar. Momento de interiorização.

Iansã: o consulente sabe o que quer e é uma pessoa que sabe encarar os problemas. É do tipo ver para crer.

Oraniã: o consulente gosta de estudar, é culto e se relaciona bem. Desconfiado, possivelmente perguntará ao tarólogo como chegou às conclusões divinatórias.

Olodumarê: o consulente é uma pessoa boa, cumpridor de seus deveres e obrigações. Quer saber sobre sua família, casamento e filhos, caso já os tenha.

Oxóssi: o consulente é curioso, gosta de falar e de fazer novas amizades, mas está confuso.

Ogum: como é um líder e bom profissional, o consulente deseja encontrar a direção certa na vida, mas está preocupado. Pode aparecer uma viagem de negócios.

Xangô: o consulente está em equilíbrio. Precisa dar espaço a novas amizades.

Ossaim: autodidata e autossuficiente, o consulente é um sábio. Independentemente da idade, tem maturidade. Pode estar carente. Terá revelações em alguns meses.

Iroko: uma nova oportunidade a caminho para o consulente. Acontecimentos rápidos. Esta carta simboliza a proteção divina.

Obá: o consulente tem força de vontade e equilíbrio. É importante abrir o coração e falar tudo que tiver vontade. Todos os seus esforços serão recompensados.

Egum: o consulente se sente atado, está passando por um período crítico. Algumas situações podem estar chegando ao fim.

Obaluaê: transformação, recomeço, vida nova. O consulente tem o poder necessário para se manter firme e seguro.

Oxumaré: não tenha medo de enfrentar a vida! Se quer algo, vá em frente e lute pelo que deseja.

Diabo: o consulente sente-se amarrado, quer falar e não consegue, é mal compreendido pelas pessoas. Força espiritual em alta.

Oxaguiã: o consulente passa por um período difícil e foi procurar o tarólogo para encontrar um caminho. Precisa entender que, para crescer, serão necessários sacrifícios.

Ewá: o consulente procura por uma nova perspectiva de vida, principalmente no setor financeiro. Cuidado para não confundir as amizades.

Olokun: o consulente gosta da espiritualidade. Algo oculto o está incomodando. Viagens, mudanças ou reforma pode acontecer em breve.

Oxalufã: o sucesso estará presente na vida do consulente. Êxito nos relacionamentos e nos negócios. Parabéns, você está atraindo um bom futuro para si.

Nanã: o consulente se sente cobrado, julgado, está sem forças para seguir em frente. Falta de entendimento das pessoas ao redor.

Iemanjá: o consulente é uma ótima pessoa. Tudo está bem. Continue confiante na vida, sempre!

Logun-Edé: o consulente tomará uma decisão importante, um novo passo para mudar de vida. Pode surgir a possibilidade de viajar.

Casa 2 – A família
Como o consulente está em relação à família.

Exu: pode ocorrer compra ou mudança de residência. Você é constantemente requisitado pela família para tomar decisões. Carta que indica um novo caminho.

Oxum: provavelmente você é uma pessoa muito responsável em casa. Fique mais atento à mãe.

Iansã: preocupação com a filha ou com a irmã mais velha. Também pode revelar que está um pouco distante e sem paciência com os familiares.

Oraniã: é provável que ajude no sustento da família. Se for mulher, pode estar preocupada com o marido ou com o pai.

Olodumarê: você respeita todas as pessoas. Isso é bom. Pode estar preocupado com os pais. Possível casamento na família.

Oxóssi: dúvidas em relação a mudar de casa e medo de enfrentar uma vida nova a dois. Um novo amor pode não ser aceito (a princípio) pela família.

Ogum: é provável que mantenha o controle sobre seu lar. Invista na família e esqueça os atritos e as dificuldades financeiras.

Xangô: existe harmonia e equilíbrio no lar. Um contrato poderá ser assinado. Trate com mais carinho seus familiares.

Ossaim: estudo, concursos públicos, cuidado para não fazer tudo sozinho, sem interação. Seja mais tolerante em relação aos que estão mais próximos.

Iroko: mudanças favoráveis para toda família.

Obá: equilíbrio, segurança, você é querido e bem visto. Suas opiniões são solicitadas pelas pessoas com quem convive.

Egum: sua família tem fortes laços espirituais e pode ter problemas para transmutar um carma negativo em darma (conscientização do carma).

Obaluaê: você pode estar pensando em transformar ou reestruturar os valores familiares. Também pode indicar uma separação ou mudanças.

Oxumaré: você tem jogo de cintura para resolver problemas. Alguém da família pode fazer uma viagem longa. Evite fazer ou ouvir promessas.

Diabo: não há entendimento, falta diálogo. Você se sente amarrado. Demonstre mais amor e afeto aos familiares.

Oxaguiã: você é mal compreendido na família, a situação geral não anda muito bem. Período de estudos. Não fique tão resistente às mudanças.

Ewá: paz, harmonia, disposição para ser prestativo com a família.

Olokun: novo visual da residência ou mudança. Cuidado com a segurança da casa, fique alerta com quem recebe e procure falar o menos possível da vida pessoal.

Oxalufã: a família está unida e feliz.

Nanã: todos sempre pedem mais atenção. Apesar de sua dedicação, não consegue satisfazer as pessoas.

Iemanjá: proteção dos Orixás. Harmonia no lar.

Logun-Edé: viagem perto ou distante. Você pode ser livre, mas deve deixar a sua família ciente disso. Mude seu modo de agir e de pensar.

Casa 3 – Mudanças
Indícios de mudanças ou transformação.

Exu: algo novo deve aparecer no prazo de um mês. Você deverá receber convites para festas e eventos, aceite, possibilidade de encontrar alguém especial nesses locais.

Oxum: uma nova ideia para algo relacionado à sua profissão poderá mudar sua vida. Deve guardar segredo sobre essa intuição.

Iansã: o período não permite devaneios. É certo que você viverá um período sujeito a mudanças, mas tenha sempre os pés no chão. Cuidado com os gastos.

Oraniã: esta carta indica o aumento de poder e de conhecimento. Em alguns meses, a situação se estabilizará. Pode representar algo favorável para seu pai.

Olodumarê: mudanças favoráveis. Possivelmente namorados, cônjuges ou parentes trabalhem juntos.

Oxóssi: Se for casado(a), caberá a ele(a) decidir se deve se separar ou não. Tire mais uma carta do monte e faça a soma para obter a confirmação.

Ogum: pode surgir um convite para algum empreendimento. Possibilidade de trocar de carro, de viajar ou de trabalhar próximo à cidade (deslocamentos diários).

Xangô: necessidade de mudanças de hábitos para se harmonizar com pessoas próximas. Confie que tudo ficará harmonioso. Decisão judiciais serão favoráveis.

Ossaim: não conte com os mais próximos para tomar decisões e mudar sua vida.

Iroko: mudanças rápidas e favoráveis em todos os aspectos, especialmente no relacionamento afetivo.

Obá: você é dotado de muita força, inclusive espiritual. Mudança benéficas em relação à alimentação, exercícios, prática de caminhadas, etc.

Egum: uma mudança pode marcar o fim de um período de sacrifício. Se desejar, tire mais uma carta do monte e some os valores das duas.

Obaluaê: as transformações poderão ocorrer em vários níveis. Tudo deve mudar. Fique atento a uma maior conscientização da espiritualidade em sua vida.

Oxumaré: uma provável viagem mudará sua vida. Use o bom senso e não tente resolver todos os problemas do mundo.

Diabo: você está confuso e deseja mudar tudo de uma vez. Calma. Mantenha o foco.

Oxaguiã: período desgastante, um processo de crise pode estar atrapalhando. Mudanças benéficas em breve, tudo ficará mais sereno.

Ewá: necessidade de uma mudança de postura. Tome uma atitude mais positiva nos seus relacionamentos; valorize-se.

Olokun: pode ocorrer mudança de residência ou viagens ao litoral. Algo que está "oculto" virá à tona e mudará a sua vida. Será necessário cautela.

Oxalufã: o sol brilhará para você, muito sucesso está por vir.

Nanã: mudanças virão para que você não seja tão cobrado ou injustiçado.

Iemanjá: todos os projetos de mudanças serão favoráveis.

Logun-Edé: necessidade de uma mudança imediata. Deverá seguir mais o coração, que é o caminho da verdade.

Casa 4 – Dinheiro e profissão
Trabalho, situação financeira e negócios do consulente.

Exu: novas perspectivas. Convite para um novo trabalho. Uma nova frente profissional, mais desafiadora, que trará dividendos em longo prazo.

Oxum: se for proprietário, pode indicar uma filial. Se for empregado, terá uma ideia excelente que poderá proporcionar uma promoção.

Iansã: não tenha medo de novos desafios. Quem é trabalhador e gosta do que faz estará sempre se mostrando disposto e firme em seus ideais.

Oraniã: você poderá ser promovido ou receber um aumento salarial (e também de patrimônio). Talvez tenha um pai que vai ajudá-lo financeiramente.

Olodumarê: profissional que está sempre se destacando. Convite para uma sociedade em família.

Oxóssi: a dúvida quanto à profissão pode acarretar problemas e conflitos. Deve reduzir os gastos, diversificar tarefas e pesquisar melhores condições salariais.

Ogum: esta carta é um indicativo de que está na direção certa quanto à opção profissional e, por esse motivo, ocupará uma posição de destaque.

Xangô: equilíbrio, harmonia, assinatura de um bom contrato (indica também compra e venda), negócios em expansão.

Ossaim: não é aconselhável qualquer tipo de sociedade. É hora de ter mais paciência. Deixe, por enquanto, os assuntos como estão.

Iroko: acontecimentos fortuitos. Aquisição de bens e mudança financeira para melhor.

Obá: o aspecto profissional segue bem. Você parece muito dedicado ao trabalho, dá sempre tudo de si.

Egum: é provável que esteja se sentindo desconfortável na profissão, pode estar atravessando um período de estagnação.

Obaluaê: provável mudança de profissão ou local de trabalho. Reformulação profissional.

Oxumaré: é possível que ocorra um convite para um novo trabalho fora da cidade onde reside. De qualquer maneira, é um bom momento.

Diabo: potencial para ganhar melhor financeiramente. Troque ideias, faça com que as pessoas conheçam seu trabalho.

Oxaguiã: é hora de abrir a mente e sofisticar os métodos de trabalho para uma nova direção. O momento pode ser de crise.

Ewá: está tudo bem no aspecto financeiro e profissional. Excesso de humildade pode atrapalhar neste período.

Olokun: uma nova oportunidade deve aparecer em breve. Se estiver empregado, possibilidade de pedir demissão ou trocar de setor. Sociedade não é aconselhável.

Oxalufã: sucesso, ótimas realizações profissionais, convite de sociedade, o momento é bastante benéfico.

Nanã: se tiver insatisfeito com seu trabalho, é necessário pensar em uma reformulação. Seria bom conter os gastos nesse período.

Iemanjá: período favorável para negócios e finanças.

Logun-Edé: você segue mais o coração do que a razão. Se estiver pensando em abandonar o emprego, o momento é favorável.

Casa 5 – Algo a alertar

Orientação para que o consulente não tome uma decisão precipitada.

Exu: cuidado com promessas mirabolantes.

Oxum: gravidez não planejada. Atenção com a mãe. Cuidado ao falar.

Iansã: um fato importante pode ser notificado por meio das redes sociais. Se tiver uma irmã, deve se preocupar com ela.

Oraniã: pense antes de tomar uma atitude, leia atentamente qualquer documentação antes de assinar.

Olodumarê: qualquer convite de sociedade deve ser recusado. Um adolescente pode querer sair de casa e se envolver em um relacionamento inadequado.

Oxóssi: flertes a caminho. Cuidado com as amizades próximas que podem trazer influências negativas.

Ogum: cuidado ao dirigir automóveis. Não é momento de estagnação. Mova-se.

Xangô: perigo de assalto. Cuidado com o preconceito, a intolerância pode levá-lo a problemas judiciais.

Ossaim: cuidado para não se isolar das pessoas. O mundo necessita de mais fraternidade.

Iroko: não se esqueça do quanto lutou para ocupar a posição que está hoje. Cuidado para não jogar tudo para o alto.

Obá: fique atento aos seus alimentos. Problemas de peso devem ser controlados. Evite discussões com os mais próximos.

Egum: não tenha medo de lutar pelos seus ideais. Confie mais em si mesmo e não se acomode, o mundo não conspira contra você.

Obaluaê: não tenha medo de aceitar uma nova proposta. Alguém do círculo familiar pode estar pensando em terminar uma união.

Oxumaré: uma viagem deve ser bem planejada. Talvez este não seja o momento de mudanças.

Diabo: cuidado com o que fala. Pessoas próximas podem usar de má fé. Não mostre a todos a sua fragilidade.

Oxaguiã: fase crítica e de obstáculos. Cuidado com a depressão e os pensamentos negativos. Não seja resistente às mudanças.

Ewá: dedicar-se demais aos outros é esquecer-se de si mesmo. Aprenda a falar "não". Emprestar dinheiro agora não é uma boa ideia.

Olokun: algo sério está sendo omitido. Seria interessante perguntar sobre essa questão na segunda fase da consulta, utilizando três cartas.

Oxalufã: o sol que brilha para a prosperidade é o mesmo que pode cegar. Cuidado com a arrogância e o ego inflamado.

Nanã: não se anule para satisfazer sua família. Cuidado com tristeza e depressão.

Iemanjá: cuidado para não se sentir melhor que os outros, tomando para si o direito de criticar as pessoas.

Logun-Edé: o uso indevido de remédios pode ser um problema. Possibilidade de uma longa viagem, mas o momento não é propício. Cuidado com os gastos.

Casa 6 – Amor e filhos
Aspecto sentimental familiar e relação com os filhos.

Exu: início de um relacionamento amoroso feliz. Se tiver filhos, esta carta simbolizará a habilidade de ouvi-los e de entendê-los.

Oxum: cuidado com atitudes maternais ou paternais demais. Possibilidade de gravidez. Esta carta representa a introspecção; momento de se reservar.

Iansã: não crie atritos desnecessários. Cuidado com palavras agressivas. Se tiver filhos, dificuldade de diálogo com a filha mais velha.

Oraniã: cuidado com o ciúme e o sentimento de posse. Mais diálogo seria bom. Se estiver namorando, chances de casamento em breve (carta que representa o marido).

Olodumarê: se for solteiro, cobrança dos pais ou interferência deles na escolha do seu relacionamento amoroso. Se for casado, uma ótima relação conjugal e filial.

Oxóssi: um grande amor está para chegar (junho ou em seis meses). Envolver-se com outra pessoa pode colocar em dúvida a relação atual. Falta de diálogo com filhos.

Ogum: bom momento para quem está namorando. Em outro caso, indica um encontro feliz em uma viagem. Decisões em relação à família devem ser tomadas.

Xangô: para quem está só, um encontro especial vai acontecer. A relação será equilibrada. No aspecto familiar, tudo está harmonioso.

Ossaim: se estiver sozinho poderá conhecer alguém em nove meses (ou no mês de setembro). Se estiver comprometido, cuidado com o sentimento de solidão.

Iroko: mudanças rápidas e benéficas no campo amoroso. Se é casado e tem filhos, terão momentos de muita felicidade.

Obá: ótima fase sozinho ou com filhos. Período favorável para encontrar uma pessoa fantástica com quem terá um ótimo relacionamento amoroso.

Egum: fase amorosa não muito boa. Caso tenha filhos, um deles pode estar acomodado em relação aos estudos e ao seu futuro.

Obaluaê: mudanças que podem estar associadas ao fim de um relacionamento. Se tem filhos, um deles pode sair de casa.

Oxumaré: o relacionamento está tranquilo e harmonioso. Se estiver só, possibilidade de conhecer alguém de fora. Se for casado, indica uma viagem.

Diabo: fase difícil, com falta de clareza de ideias e de sentimentos. Pouco diálogo com a pessoa amada ou com os filhos.

Oxaguiã: fase crítica. O relacionamento amoroso está sendo questionado. Se tiver filhos, o período merece mais atenção no lar.

Ewá: relacionamento tranquilo com a pessoa amada ou com os filhos. Não aceite a interferência de terceiros no seu relacionamento afetivo.

Olokun: algo pode não estar claro no relacionamento. Cuidado com a ilusão. Seria aconselhável tirar outra carta para se aprofundar mais na questão.

Oxalufã: se for solteiro, possibilidade de um relacionamento feliz. Caso tenha filhos, eles estão muito felizes.

Nanã: não se cobre tanto, cuide da sua autoestima. Se está namorando, revela o sentimento de opressão pelo parceiro. Caso tenha filhos, a fase pode ser crítica.

Iemanjá: amor verdadeiro, sem culpas, medos ou desentendimentos. Se tiver filhos, boa convivência, diálogo e compreensão.

Logun-Edé: cobrança de decisão em relação ao casamento. A resposta deve ser positiva. Se tiver filhos, eles serão criados com liberdade.

Casa 7 – Preocupação
As aflições do consulente no momento.

Exu: uma decisão deve ser tomada de imediato, o que está causando preocupação. Uma notícia já esperada pode mudar sua vida.

Oxum: ouça mais a sua a intuição e evite contar seus problemas para os outros. Preocupação com a família, em especial com os filhos, se tiver.

Iansã: preocupação com a profissão, mas uma melhora virá em três meses. Cuidado com a falta de diálogo com os mais próximos. Atenção a filha ou irmã mais velha.

Oraniã: boa convivência no local de trabalho, não se preocupe, porque está tudo favorável. Se for mulher e casada, preocupação com o marido.

Olodumarê: se for casado, preocupação com o casamento. Se for solteiro, a inquietação deve se referir ao pai.

Oxóssi: dúvidas quanto à direção a seguir. Uma mudança poderá trazer problemas até a total adaptação. A dúvida também pode ser entre dois amores.

Ogum: preocupação com mudanças no trabalho. No relacionamento afetivo, olhe para o espelho e veja o que você realmente procura.

Xangô: preocupação com os negócios, contratos e processos. Não se sinta pressionado a tomar uma atitude definitiva quanto ao compromisso sentimental.

Ossaim: não se preocupe tanto. Você não precisa fazer tudo sozinho. Se não estiver em um relacionamento, não fique chateado, confie.

Iroko: preocupação em se manter estável financeiramente. O desejo é que ocorra a resolução dos problemas o mais rápido possível.

Obá: o sentimento é de que seus esforços não estão sendo recompensados. A mesma coisa acontece na relação afetiva.

Egum: existe algo mal resolvido que pode estar causando sofrimento. Estagnação, principalmente no aspecto financeiro.

Obaluaê: o medo pode estar tomando conta do seu coração, coloque um ponto final na situação. Não protele algo que pode estar fadado ao término.

Oxumaré: não aja de modo egoísta, nem se diminua, isso pode afastar pessoas da sua vida. Cuidado, uma viagem não deve trazer tantas preocupações.

Diabo: tudo parece confuso, a vida parece estar de ponta cabeça. Você pode estar agindo de modo errado, precipitadamente, desperdiçando muita energia.

Oxaguiã: as coisas não estão acontecendo conforme seus planos. Tenha cautela, preste atenção às atitudes impensadas que podem atrapalhar sua ascensão.

Ewá: preocupação com a vida conjugal, divórcio ou quebra de contratos. Fique longe de problemas.

Olokun: as dúvidas podem estar vindo à tona. As revelações vão ocorrer e tranquilizá-lo. Problemas com bebidas ou drogas pode preocupar muito.

Oxalufã: a preocupação é sempre com sua família. Tudo o que pensa construir terá ótimos resultados. Não se preocupe.

Nanã: preocupação com a aprovação da pessoas. Não se cobre tanto. Imprevistos em um relacionamento. Uma promoção pode mudar tudo em sua vida.

Iemanjá: não se preocupe, o equilíbrio desejado será alcançado. O momento é de colher os frutos de suas conquistas. A jornada está prestes a ser concluída!

Logun-Edé: hora de dar uma virada em sua vida. Cuidado com a falta de otimismo. Ouse!

Casa 8 – Alegria
Diga ao consulente quais são seus motivos de alegria.

Exu: esta carta nesta casa já pode ser considerado motivo de grande contentamento. Um novo começo se apresentará e tudo vai fluir de maneira harmoniosa.

Oxum: seu trabalho será recompensado. Possibilidade de gravidez. Fase muito harmoniosa e tranquila. Boas notícias vindas da mãe.

Iansã: suas aptidões serão reconhecidas, promoção e melhora financeira ou a vinda de um amor verdadeiro.

Oraniã: momento bom para os negócios. Se casada, o marido poderá ter ganho financeiro. Solteiros, indica o encontro de uma pessoa muito culta e agradável.

Olodumarê: seu par ideal virá em breve. O cônjuge pode reconhecer suas principais qualidades. Cumplicidade, amor e amizade. Boas notícias vindas do pai.

Oxóssi: não tenha medo e enfrente o futuro com confiança. Esse é o momento de deixar as dúvidas de lado. Você terá as respostas que procura.

Ogum: procure deixar as pessoas próximas participar de seus interesses. Saia mais de casa, faça passeios e amizades, frequente lugares interessantes.

Xangô: período harmônico, tranquilo e equilibrado. Bom relacionamento afetivo a caminho.

Ossaim: o período requer paciência, mas você está conseguindo o que deseja. Bons resultados com estudos. Uma mensagem vai revelar o sentimento de alguém por você.

Iroko: prepare-se para boas novas. Algo que desejava fortemente está prestes a ocorrer, trazendo grande alegria e contentamento.

Obá: capacidade para superar obstáculos. Bom momento para que tenha seu valor reconhecido. Possibilidade de promoção e de bons acordos.

Egum: fim de um período de sacrifícios. Se estiver sozinho, aguarde uma novidade. A fase de muitos problemas financeiros está para terminar.

Obaluaê: eleve sua consciência e não fique remoendo lembranças passadas sobre qualquer assunto, especialmente no amor.

Oxumaré: contato com pessoas, aumento do círculo de amizade e viagens. Período muito harmonioso, que inclui o campo efetivo.

Diabo: muita sorte e ganhos inesperados. Poderá surgir uma paixão especial e você será "pego" de surpresa, mas ficará totalmente apaixonado.

Oxaguiã: possibilidade de ganhos no estudo. Fim de um período instável e desgastante. Um ótimo momento para esclarecer um mal entendido.

Ewá: otimista, você gosta de "todo mundo", e por isso é feliz. Oportunidade de aumentar seu prestígio.

Olokun: reforma em sua casa, viagem ao litoral ou um estímulo a se aprofundar no conhecimento do mundo místico.

Oxalufã: período de sucesso. As energias benéficas do sol estão sendo irradiadas em sua direção. Reestruture sua realidade com a necessidade de ser feliz que você tem.

Nanã: período de tolerância consigo mesmo, nada de se sentir culpado. Atenção à família. Uma nova fase se inicia.

Iemanjá: surpresas agradáveis e de ascensão espiritual estão por vir. Isso vai ocorrer rapidamente e vai tirar sua ansiedade.

Logun-Edé: a rotina ou a fase de acomodação não tem espaço em sua vida. Decisões certas serão tomadas ao ouvir seu coração.

Casa 9 – Viagem
Indica a possibilidade de uma viagem e
se o momento é propício para ela.

Exu: esta carta responde como sim. A viagem pode ocorrer em breve.

Oxum: resposta positiva, a viagem pode ocorrer no prazo de dois meses (ou no mês de fevereiro).

Iansã: uma viagem pode acontecer no prazo de três meses (ou no mês de março) e poderá ser de lazer, mas ao retornar haverá uma alteração no curso profissional.

Oraniã: viagem a trabalho ou a negócios. Você conhecerá pessoas interessantes e aperfeiçoará seu conhecimento.

Olodumarê: é bem provável que você realize uma viagem há muito tempo planejada, e isso será gratificante. Caso esteja pensando em visitar familiares, é um bom momento.

Oxóssi: se estiver planejando uma viagem, deve pensar melhor. Verifique a possibilidade financeira de realizar seu sonho.

Ogum: viagem de automóvel, rápida, que pode envolver sua profissão ou seu estudo.

Xangô: viagem que poderá resultar em algum tipo de alteração profissional. Possibilidade de realizar um curso (incluem doutorados e mestrados no exterior).

Ossaim: se você está pensando em se aventurar sozinho em uma viagem, vá em frente. Se estiver associado à viagem de estudos, será um período excelente.

Iroko: todas as viagens são favorecidas e podem ocorrer rapidamente. Bons momentos estão por vir.

Obá: uma viagem há muito tempo planejada será realizada com chances de ampliar seus contatos sociais.

Egum: algum problema financeiro pode ser prejudicial futuramente. O momento não é propício para viagens.

Obaluaê: o período não é bom para realizar nenhum tipo de viagem. É melhor esperar. Cuidado, você pode sofrer algum prejuízo financeiro.

Oxumaré: carta que favorece todos os tipos de deslocamentos. Tudo transcorrerá de modo excelente e harmônico.

Diabo: o período não favorece nenhum tipo de viagem, pois poderão surgir imprevistos financeiros.

Oxaguiã: o período não é bom para viagens, exceto se for relacionada aos estudos.

Ewá: favorável somente para viagens de lazer, com poucos gastos, próximos de onde vive. Fique de olho nas suas finanças.

Olokun: não é aconselhável nenhum tipo de viagem. Algo preocupante poderá acontecer na sua ausência.

Oxalufã: esta carta prenuncia sucesso em todas as viagens.

Nanã: pense bem e veja se é o melhor momento para viajar. Tome cuidado para não gastar além do que possui.

Iemanjá: êxito em qualquer tipo de viagem.

Logun-Edé: viagens ao exterior serão favorecidas, desde que se destinem a ampliar o conhecimento. Cuidado com a falta de limites.

Casa 10 – Bens, poupança, valores
Indica como o consulente administra seus bens e se ele sabe resguardar seu patrimônio.

Exu: boa capacidade para administrar seus bens. Provavelmente suas reservas serão utilizadas para desenvolver uma nova frente de trabalho.

Oxum: você administra seu patrimônio de maneira correta. Se for homem, pode contar com a ajuda da mãe, de uma irmã mais velha ou de sua esposa.

Iansã: esta carta tem relação direta com o uso cuidadoso e inteligente do seu patrimônio. Uma boa administração financeira vai deixá-lo tranquilo no futuro.

Oraniã: você utiliza muito bem seu conhecimento e administra os bens de maneira segura. Se mulher, poderá ter ajuda do pai ou do marido.

Olodumarê: tranquilidade nas finanças e apoio familiar. Saiba aplicar seus ganhos.

Oxóssi: cuidado para não gastar além de suas posses. Desta forma, acabará sem dinheiro para se manter no futuro.

Ogum: você sabe assegurar seu futuro e está na direção certa. Tudo pode ser bem conduzido.

Xangô: você administra seus bens com sabedoria e equilíbrio. Pode surgir algum ganho relativo a um processo trabalhista.

Ossaim: esta carta indica "sabedoria", ou seja, seja prudente com seus recursos financeiros.

Iroko: neste período, tudo está propício para uma melhora financeira. Acontecimentos fortuitos.

Obá: tudo que você conseguiu foi com muito sacrifício e deve ser conservado com o mesmo empenho.

Egum: o período financeiro pode estar difícil. Porém, não precisa se entristecer. Dentro de um ano (carta de numeral 12), o orçamento estará em ordem.

Obaluaê: se você é o mantenedor da família, isso pode limitá-lo. Não se desfaça de bens ou contraia empréstimos. A situação deve melhorar em quatro meses.

Oxumaré: bom senso suficiente para administrar seus bens. Se estiver pensando em adquirir algo fora da cidade de onde reside, o momento é propício.

Diabo: atenção para as dificuldades. Você pode estar gastando além da conta. Suas finanças ficarão estabilizadas num curto período.

Oxaguiã: período de contenção de despesas. Cuidado com a precipitação.

Ewá: o período requer cautela, já que esta carta indica que você não possui os recursos necessários de que necessita. Aguarde.

Olokun: esta carta indica certa preocupação financeira. Fique atento!

Oxalufã: segurança financeira. Você é um bom administrador e terá condições para manter bem sua família.

Nanã: alerta! Esta carta responde como não. Se desejar, pode retirar uma carta do monte e fazer a soma. De qualquer maneira, corte os gastos temporariamente.

Iemanjá: realização plena e conquistas materiais.

Logun-Edé: cuidado para não gastar suas reservas por conta de um ideal. Se possível, espere quatro meses antes de tomar uma decisão conclusiva.

Casa 11 – Novidade
Esta casa conta se existem novidades e quais são elas.

Exu: algo totalmente novo vai acontecer, isso certamente trará mudanças fortuitas em sua vida. Quem sabe um novo amor.

Oxum: notícia de gravidez. Um fato novo pode surgir vindo de sua mãe. Uma reformulação em sua maneira de pensar mudará muita coisa.

Iansã: siga em frente com vontade e determinação e a realização pessoal chegará. Conhecimento, melhora financeira e situação social bem definida.

Oraniã: você vai conseguir realizar tudo o que planeja. Ganhos financeiros previstos para o pai, namorado ou marido.

Olodumarê: ganhos com comunicação virtual e obterá o reconhecimento de todos, principalmente dos pais.

Oxóssi: os solteiros têm possibilidade de encontrar um amor que já está envolvido com alguém, mas com final favorável. Processos criativos em alta.

Ogum: sua verdadeira vocação vai aparecer, assim como as respostas para suas dúvidas. Sucesso profissional. Viagens (de carro) não muito longas e bem-sucedidas.

Xangô: sua vida entrará em equilíbrio, assuntos pendentes entrarão em ordem. Questões financeiras pendentes se resolverão.

Ossaim: se estiver sozinho, esta carta é basicamente o anúncio de que em breve estará namorando uma pessoa muito especial.

Iroko: um novo ritmo com a resolução rápida de todos os problemas está para chegar. Carta que favorece a melhora financeira.

Obá: sucesso com base em seu forte magnetismo e inteligência. Proteção, autoconfiança e um encontro muito bom, especialmente por meio do sexo.

Egum: fim de um período monótono, hora de mudar de vida. É provável que faça uma reeducação alimentar. Uma cirurgia estética será satisfatória.

Obaluaê: algo doloroso ficará para trás, você vai se sentir renovado espiritualmente.

Oxumaré: viagem bem-sucedida (ao exterior). Possível mudança de cidade. Harmonia e estabilidade.

Diabo: sua intuição está no caminho certo. Vantagens em jogos ou loterias. Nesta casa, Diabo revela um período afortunado.

Oxaguiã: mudança de conceitos. Um relacionamento do passado será abandonado. Boa relação com os estudos e com a liberdade de pensamentos.

Ewá: sua força de vontade resultará em um ótimo objetivo. Caso esteja pensando em fazer algo profissional em casa, vá em frente e use sua criatividade!

Olokun: pintura, reforma, renovação de ambientes e outros assuntos relacionado ao lar. Bom momento para deixá-la mais aconchegante e convidar seus amigos.

Oxalufã: novas amizades vão chegar e agradar. Esta carta representa a família, os amigos e as notícias agradáveis.

Nanã: oportunidade de se fazer respeitado e obter o que deseja, depois de alguns meses de reserva.

Iemanjá: uma recompensa vai chegar, você empenhou corretamente suas energias afetivas, emotivas e físicas, resultando no triunfo final de todos os seus esforços.

Logun-Edé: uma nova atividade profissional o deixará mais motivado e feliz. Início de uma nova fase de ajustamento profissional e também sentimental.

Casa 12 – Saúde
Indica como está a saúde do consulente.

Exu: a saúde está boa, entretanto, seu corpo astral (energia que nos envolve) está desprotegido. Peça proteção aos orixás.

Oxum: se for mulher, atenção especial ao útero, aos ovários e com os hormônios. Se for homem, pode indicar problemas gástricos ou relacionados aos intestinos.

Iansã: esta carta está associada ao estresse e à necessidade de desfrutar um período de descanso.

Oraniã: predisposição para problemas nas articulações e/ou no sistema gástrico. Dependendo da idade, seria bom verificar a pressão arterial e o sistema circulatório.

Olodumarê: cuidado com a sua saúde, possibilidade de dores nas costas ou enxaquecas provenientes do descuido da pressão arterial, visão ou até mesmo bruxismo.

Oxóssi: não seja imprudente com sua saúde, alimentando-se mal, alegando falta de tempo. Pode também indicar dores nos pés ou nas pernas (inchaços).

Ogum: a saúde está muito boa. Mente sã, corpo são.

Xangô: a saúde parece boa, mas o número oito é o caduceu de mercúrio, associado ao símbolo da medicina, é aconselhável procurar um médico para um check-up.

Ossaim: a sabedoria não o deixa cometer excessos. Comida saudável, yoga, pilates, remédios fitoterápicos ou homeopáticos são indicados.

Iroko: indica boa saúde. Apenas tome cuidado com o estresse provocado pela ansiedade.

Obá: tudo indica que a saúde está perfeita.

Egum: não se deixe abater para não entrar em depressão. Meditação, banhos aromáticos e orações podem ajudar. Pode ser indicada a visita a um terapeuta.

Obaluaê: seu organismo está fazendo uma purificação. Neste período, evite a ingestão de carnes vermelhas, alimente-se mais de carnes brancas, frutas e verduras.

Oxumaré: boa saúde, sem exageros. Fique atento à parte renal (inchaços), que pode ser sanada com a diminuição da ingestão de carne vermelha e sal.

Diabo: cansaço pode ser problemas no quinto chacra (laríngeo). Cuidado com a ingestão de muitos remédios ou até mesmo a mistura com bebidas alcoólicas.

Oxaguiã: período de desgaste e de nervosismo. O consumo de qualquer remédio sem a prescrição médica deve sempre ser evitado.

Ewá: a saúde está bem. Você é uma pessoa equilibrada, que não comete abusos. Poderá apenas estar sensível a gripes e resfriados. Nada grave.

Olokun: na mulher, possíveis cólicas, irregularidades do ciclo ou mesmo o útero se preparando para o aconchego de um bebê. No homem, sensibilidade no estômago.

Oxalufã: saúde boa, indicado apenas a possibilidade de usar óculos. Procure um oftalmologista para realizar exames o mais breve possível.

Nanã: fase depressiva. Cuidado, procure orientação para sair deste ciclo repetitivo.

Iemanjá: saúde perfeita. A preocupação é em se manter saudável. Em caso de doença, a tendência é para cura.

Logun-Edé: a saúde está boa, mas cuidado com a automedicação.

Casa 13 – Equilíbrio
Como manter o equilíbrio e o que fazer para alcançá-lo.

Exu: perfeito equilíbrio espiritual e material. Faça da vida sua prática mais harmoniosa.

Oxum: cuidado com as palavras que podem ser mal interpretadas. Sua vida íntima não deve ser contada para ninguém.

Iansã: sua fortaleza interior proporciona o verdadeiro equilíbrio espiritual e material.

Oraniã: sua vida está em equilíbrio. Diga sempre a verdade e use sua sinceridade.

Olodumarê: tudo em paz com os pais e filhos, bem como no aspecto afetivo.

Oxóssi: o período é de dúvidas. Uma nova situação será vivenciada, mudando seu destino, principalmente no relacionamento afetivo.

Ogum: momentos de vitória profissional e sentimental que gratificarão sua vida.

Xangô: possibilidade de melhorias na empresa (negócios) ou na sua carreira. Justiça com alguma pendência relativa à família será feita.

Ossaim: necessidade de espaço e de liberdade para crescer. Seu ponto de vista é valioso, não perca tempo com velhos projetos. Comece algo novo!

Iroko: uma questão será solucionada rapidamente, trazendo equilíbrio. Mudanças fortuitas (financeiras) também poderão ocorrer.

Obá: período de harmonia e plenitude, um processo mental bastante produtivo.

Egum: não espere tudo dos outros. Procure resolver seus problemas sozinho.

Obaluaê: mudanças positivas. Os cuidados do plano astral trarão equilíbrio. Vida nova!

Oxumaré: bom senso em tudo que faz o torna perfeitamente equilibrado. Período bom para viagens.

Diabo: um desentendimento na família e/ou no local de trabalho vai precisar de sua intervenção.

Oxaguiã: você deve se mostrar mais seguro. Sua mente deve ser como uma fortaleza e não permitir que a imprudência seja seu maior inimigo.

Ewá: esta carta mostra um potencial criativo muito grande, mas falta ambição para atingir o equilíbrio. Valorize-se!

Olokun: cuidado para não quebrar sua estrutura familiar, tentando fazer valer apenas a sua verdade, seu ponto de vista.

Oxalufã: equilíbrio e alegria de viver. Compartilhe essa plenitude.

Nanã: período desgastante, não se sinta cobrado pela forma como dirige seus assuntos pessoais ou profissionais.

Iemanjá: dinamismo e organização mental excelente. Quem estiver pensando em construir, terá ótimo resultados, trazendo um equilíbrio harmonioso.

Logun-Edé: sua agilidade é benéfica, evitando problemas psicológicos profundos. Curiosidade aguçada, coloque seus planos em prática agora.

Casa 14 – Acontecimento rápido

Indica quais dos assuntos analisados se resolverá rapidamente.

Exu: o que foi exposto no jogo pelas cartas acontecerá rapidamente.

Oxum: período de ótimas ideias. Preserve seus direitos (também autorais), pois seria fácil alguém copiá-los e divulgá-los como sendo de sua autoria.

Iansã: amigos verdadeiros o ajudarão em boas oportunidades. Se estiver pensando em estudar (ou trabalhar) no exterior, o momento será propício.

Oraniã: muito empenho em falar, escrever e estudar. Sucesso merecido conquistado. Elevação de status, promoção.

Olodumarê: valor reconhecido e boas oportunidades. Convite para uma parceria, ou para ministrar cursos e palestras.

Oxóssi: tudo será resolvido apesar da confusão que pode estar vivendo atualmente. Fique tranquilo! Capacidade intelectual fantástica.

Ogum: fique atento a toda oferta de trabalho. Poderá haver uma promoção com a melhora financeira. A possibilidade de uma viagem (de carro) é favorável.

Xangô: período de resoluções financeiras e bons contatos. Pendências jurídicas resolvidas. Tudo em equilíbrio.

Ossaim: cautela ao assinar papéis e/ou documentos. Paciência traz sabedoria para esperar o momento certo.

Iroko: rapidez em tudo que acontece. Muito do que se falou na consulta pode acontecer antes dos prazos previstos.

Obá: seu valor será reconhecido, obtendo boas oportunidades e surpresas agradáveis.

Egum: tudo que foi relatado na consulta pode ser alterado para melhor com o seu esforço.

Obaluaê: o período é de muito trabalho. O desânimo que pode estar sentindo será superado após uma grande mudança.

Oxumaré: possibilidade de viajar para o exterior. Não tenha medo de enfrentar uma nova situação.

Diabo: período de sorte que poderá trazer lucro rápido. Se for empregado, momento de reivindicar melhorias no trabalho ou de pedir aumento de salário.

Oxaguiã: a fase é difícil, mas logo passará. Período de estabilização. Confie!

Ewá: boas ideias devem ser usadas para aprimorar o lado profissional. Valorize-se perante seus amigos e seus superiores no trabalho. Eleve sua autoestima.

Olokun: antes de tomar qualquer atitude, reflita melhor, cuidado com as inconstâncias de humor. Se está inseguro, espere para não tomar uma atitude impensada.

Oxalufã: momentos merecidos de harmonia, tranquilidade e boas oportunidades.

Nanã: você está ansioso demais. Cuide-se! Em sua necessidade de ajudar a todos, acaba esquecendo de si mesmo.

Iemanjá: você tem tudo em suas mãos para fechar mais um ciclo com chave de ouro.

Logun-Edé: bom momento para um novo planejamento, estudo, trabalho, amizade e relacionamentos. Possibilidade de uma viagem ao universo místico.

Casa 15 – Casamento ou associação

Como está o casamento do consulente e/ou uma sociedade. Se não for casado, pode indicar sobre o casamento dos pais.

Exu: convite para constituir uma parceria. Pode surgir uma proposta de casamento.

Oxum: bons momentos no casamento e com os filhos. Finanças positivas.

Iansã: estrutura e estabilidade financeira. A última palavra tem que ser sempre sua.

Oraniã: favorecidos os aspectos profissionais e financeiros. Bom período no casamento ou no relacionamento afetivo. As parcerias ocorrem com tranquilidade.

Olodumarê: casamento tranquilo e estável. Poderá ter sucesso em uma sociedade com uma pessoa da família.

Oxóssi: dúvidas em relação a uma parceria no trabalho ou no casamento (relação extraconjugal).

Ogum: controle da situação financeira. Se for casado, ocorrerá o mesmo. Não deve aceitar opiniões de pessoas estranhas.

Xangô: equilíbrio no casamento ou nas sociedades (parcerias), pois é extremamente responsável.

Ossaim: tome suas decisões sozinho, não conte com a participação dos amigos, sócios ou cônjuges. Pense muito antes de aceitar uma nova proposta de parceria.

Iroko: sociedade ou casamento rápidos e fortuitos, que pode trazer uma nova dinâmica em sua vida.

Obá: você conquistou tudo com muito trabalho, cuidado com a falta de diálogo com o cônjuge ou com os sócios.

Egum: o pessimismo poderá afastar todos os que o rodeiam. Fique atento!

Obaluaê: casamento e/ou sociedade desgastados. Período de renovação.

Oxumaré: viagens a caminho. Se estiver pensando em uma sociedade, tudo sairá bem e poderão surgir mais negócios ou parcerias em outras cidades.

Diabo: use a intuição para descobrir o que tanto o incomoda. Muitos palpites de pessoas próximas podem interferir na sociedade ou no casamento.

Oxaguiã: momento impróprio para a realização de um projeto de sociedade. No casamento, ou no relacionamento afetivo, o momento é de crise.

Ewá: tudo bem na sua parceria (casamento), apesar de se sentir um pouco submisso. Por um período de oito meses, nada de lucros ou ganhos satisfatórios.

Olokun: algo oculto no ar. Falsos amigos podem querer prejudicá-lo. No casamento, cuidado com decisões precipitadas.

Oxalufã: as parcerias, as amizades e o casamento vivem um período excelente. Novos relacionamentos de trabalho trazem boas oportunidades.

Nanã: cobranças dos sócios ou do cônjuge poderão surgir. Reforce sua força interior.

Iemanjá: os aspectos econômicos na sociedade estão favorecidos. Período excelente no casamento.

Logun-Edé: momentos decisivos na sociedade ou no casamento. Satisfação e alegria.

Casa 16 – Mensagem do Tarô:
O tarô oferece uma mensagem dos Orixás.

Exu: exerça seu poder de se manifestar. Estou aqui para lhe dar as respostas que precisa.

Oxum: reserve-se mais. Novas ideias surgirão na sua vida. Você é dotado de inteligência suficiente para conseguir o que quer.

Iansã: força, abundância, segurança, continue neste caminho para conseguir atingir o êxito pleno.

Oraniã: siga as regras que estabelecer e você terá o poder de realizar tudo o que foi relatado na consulta da melhor maneira possível.

Olodumarê: tudo que deseja será realizado de modo harmonioso pelo seu merecimento. Espiritualidade em alta.

Oxóssi: as dúvidas servem para abrir seus horizontes. Seja firma nas sua escolhas.

Ogum: você está na direção certa. Siga seu Orixá e tudo ficará bem.

Xangô: tudo que você faz tem a proteção de seu Orixá. Siga o caminho da justiça.

Ossaim: o sucesso vem mediante uma consciência tranquila. Afaste-se daquilo que nada lhe acrescenta.

Iroko: altos e baixos acontecem na vida de todos. Seja firme nos seus propósitos e tudo ficará bem.

Obá: força de vontade e coragem garantem a vitória certa. Você tem um poder sutil, aproveite-se disso.

Egum: seu sofrimento chegou ao fim e tudo que era cármico está sendo dissolvido, transmutado, para que tenha uma vida tranquila e repleta de alegria.

Obaluaê: grandes transformações estão por vir. Uma reformulação é necessária para que a inércia seja transformada em energia produtiva.

Oxumaré: seu bom senso permite conquistar o equilíbrio material e espiritual desejado.

Diabo: fim de confusões e mal-entendidos. Sorte, dinheiro e sucesso.

Oxaguiã: período final de crise, tudo será esclarecido.

Ewá: bons presságios guiam seu caminho. A esperança não está perdida.

Olokun: sua potencialidade espiritual vai se desenvolver com base nos estudos. Siga seus sonhos. Tudo vai ser esclarecido.

Oxalufã: certeza de sucesso e de que tudo ficará bem. Não desista da felicidade.

Nanã: as cobranças e os julgamentos indevidos estão chegando ao fim.

Iemanjá: use a sua sabedoria, fraternidade e bondade para o bem de todos.

Logun-Edé: não deixe para amanhã o que pode fazer hoje. Não se acomode, use seu coração com sabedoria.

Bibliografia

A., Gromiko. *As religiões da África*. Edições Progresso, Moscou, 1987.

Aiyemi, Ajibola. *Yórubá para Brasileiros*. Edições Populares, 1984.

Altuna, Pe. Raul Ruiz de Asúa. *Cultura Tradicional Banto*. Edição do Secretariado Arquidiocesano de Pastoral, Angola, 1985.

Amos, Paula Bem. *The Art of Benin*. Editora Thames & Hudson, USA, 1980.

Areia, M. L. Rodrigues. *Les Simboles Divinatoims*. Instituto de Antropologia, Portugal, 1985.

Argon, Maria de Fátima (org.). *Catálogo, manuscritos relativos à escravidão*. Edição da Fundação Pró-Memória, 1990.

Bastide, Roger. *Estudos Afro-brasileiros*. Editora Perspectiva, 1983.

____. *Sociologia*. Editora Ática, 1983.

Bulfinch, Thomas. *O Livro de Ouro da Mitologia*. Editora Ediouro, 1998.

Buonfiglio, Monica. *Anjos Conspiradores*. Editora Oficina dos Anjos, 1999.

____. *Proteção – relatos de histórias vividas*. Editora Oficina Cultural, 1997.

____. *Os Santos, suas histórias e orações*. Editora Oficina dos Anjos, 2000.

Carneiro, Edson. *Candomblés da Bahia*. Editora Civilização Brasileira, 1978.

Chevalier, Jean e Gheerbrant, Alain. *Dicionário de Símbolos*. Editora José Olympio, 1988.

Chinoy, Ely. *Sociedade - Uma Introdução à Sociologia*. Editora Cultrix, 1980.

Dethlefsen, Thorwald. *Édipo, O Solucionador de Enigmas*. Editora Cultrix, 1993.

Didi, Mestre (Deoscóredes Maximiliano dos Santos). *História de um Terreiro Nagô*. Max Limonad, 1988.

Egydio, Sylvia. *O Perfil do Aché Ilê Oba*. Edições Populares, 1980. Eliade, Mircea. *Ferreiros e Alquimistas*. Editora Zahar, 1979.

Eyo, Ekpo e Willett, Frank. *Treasurts of Ancient Nigeria*. Ed. Founder Society Detroit Institute of Artes, USA, 1980.

Fatunmi, Awo. *Fa'lokun, Iwá-pélé, Ifá Quest*. Editora Original Publication, EUA, 1991. Filho, Luís Viano. *O negro na Bahia*. Editora Nova Fronteira, 1988.

Kast, Verena. *Sísifo*. Editora Cultrix, 1992. Larousse Cultural. Volume 15.

Lewis, Ioan M. Êxtase *Religioso*. Editora Perspectiva,1971.

Lody, Raul Giovannini. *Pano da Costa*. Campanha de Defesa do Folclore Brasileiro, 1977.

Moura, Carlos Eugenio Marcondes de (org.). *As Senhoras do Pássaro da Noite*. Editora Edusp, 1994.

____. *Bandeira do Alairá*. Editora Nobel, 1982.

____. *Candomblé – Desvendando Identidades*. EMW Editores, 1987.

____. *Meu Sinal está no teu Corpo*. Editora Edicon/Edusp, 1989.

____. *Oloorisá – Escritos sobre a religião dos Orixás*. Editora Ágora, 1981.

Oliveira, Waldir Freitas e Lima, Vivaldo da Costa. *Cartas de Edson Carneiro e Arthur Ramos*. Editora Corrupio, 1987.

Parrinder, Geoffrey. *A África*. Editora Verbo, Portugal, 1982.

Planeta. *Candomblé e Umbanda*, 126-A. Editora Três.

Planeta. *Os Orixás*, 126-B. Editora Três.

Portugal, Fernandes. *Os Deuses Africanos na África e no Novo Mundo*. Centro de Estudos e Pesquisas de Cultura Yorubana, 1982.

Queirós, Kátia. *Ser Escravo no Brasil*. Editora Brasiliense, 1982.

Queiroz, Maria Isaura Pereira de. Roger Bastide. *Sociologia*. Editora Ática. 1983.

Ramos, Arthur. *As Culturas Negras do Novo Mundo*. Editora Brasiliana, 1979.

Rasche, Jorg. *Prometeu, a Luta Entre Pai e Filho*. Editora Cultrix, 1992.

Reis, João José. *Rebelião Escrava no Brasil*. Editora Brasiliense, 1986.

Ribeiro, José. *Jogo de Búzios*. Editora Espiritualista, 1970.

Rodrigues, Nina. *Os Africanos no Brasil*. Universidade de Brasília, 1982.

Santos, Juana Elbein dos. *Os Nagôs e a Morte*. Editora Vozes, 1984.

Silva, Maria Beatriz Nizza. *Cultura e sociedade no Rio de Janeiro (1808 – 1821)*. Editora Brasiliana, 1978.

Valente, Waldemar. *Sincretismo Religioso Afro-Brasileiro*. Editora Brasiliana, 1977.

Varella, João Sebastião das Chagas. *Cozinha de Santo*. Editora Espiritualista, 1972.

Verger, Pierre Fatumbi e Carybé. *Lendas dos Orixás*. Editora Corrupio, 1985.

____. *Fluxo e Refluxo*. Editora Corrupio, 1987.

____. *Orixás*. Editora Corrupio, 1982.

Viana Filho, Luís. *O Negro na Bahia*. Editora Nova Fronteira, 1988.

Willett, Frank. *African Art*. Editora Thames & Hudson, 1976.

Outros sucessos de Monica Buonfiglio

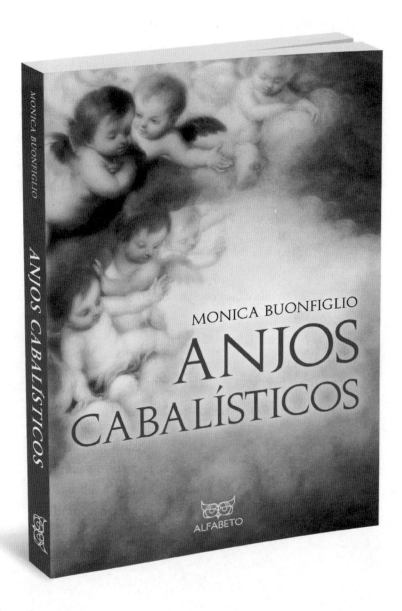

MONICA BUONFIGLIO

A MAGIA DOS ANJOS CABALÍSTICOS

ALFABETO

TARÔ DO AMOR
E DAS ALMAS GÊMEAS

MONICA BUONFIGLIO